戦国秘史秘伝

天下人、海賊、忍者と一揆の時代

藤田達生
Fujita Tatsuo

小学館新書

はじめに

ご縁があって、二〇一四年から二一年の八年間にわたり、作家安部龍太郎さんと一緒に日本の東西南北、大小様々な半島を旅し、まことに豊かな出会いを重ねることができた＊。

そこには、前近代以来のながい繁栄が、戦後のモータリゼーションによってあっけなく終焉を迎え、眠りに就いたかのような町や村が、どれほど多かったことか。それは、想像以上だった。

陸の世界が、人やモノの流れを本格的に担うようになったのは、明治時代以降の鉄道制度の整備、さらには戦後の自動車産業育成といった国策によるものだった。前近代以来、街道が連綿と歴史を紡いできたとする見方は必ずしも正しいとは言いがたく、海路はもとより湖・沼・潟そして大小河川こそ動脈とも言うべき生命線だった。その維持・発展を担ってきたのが、半島で活躍した人々だったのだ。

したがって国民的な人気を誇った司馬遼太郎の『街道をゆく』は、高度経済成長時代が生んだ「国民の物語」といっても過言ではなかろう。かく言う私も一ファンではあるが、街道を旅する司馬さんの語りが、実にあたたかく味わい深かったため、いにしえから人々が頼ってきた舟運については、見過ごされがちだったと思う。

戦後は、成長と進歩の輝かしい時代だった。それは、むずかしい理屈を知らなくても、我が家に白黒テレビ・洗濯機・掃除機（昭和三十年代の「三種の神器」）が来た時に、家族全員が生き生きと感じ取ったものだ。やがてこれに、カラーテレビや自家用車（マイカー）そしてクーラーが加わり（昭和四十年代の「3C」）、さらには持家生活（都会ではマンション、地方では戸建て）が待望されることになった。

両親が一生懸命に働くことが、家族のしあわせに、引いては日本の発展に寄与すると、単純に信じることができた明るい時代だった。国際化を象徴する東京オリンピック（1964年）や大阪万博（1970年）は、この時代の国民にとっての輝かしくも誇らしい一大イベントだったのだ。

その後に見舞われた、東西冷戦構造の終焉、バブル崩壊、失われた二十年、現在の青年たちは、日本の凋落のさなかで生まれ育った。親世代が信じた「成長神話」「進歩史観」とは無縁の右肩下がりが常態の時代だった。このようにして生じた親子間の意識の断絶状況によって、現在、世代を超えて国民レベルで共有できるような歴史観は、残念ながらないといってよい。

これに加えて、ＡＩを中心とする科学の発展に制度整備が追いつかないことがもたらす社会の混乱が、近代国家建設以来の大変革を不可避としている。シンギュラリティ（２０４５年頃に予想されているＡＩが人間の脳を超える「技術的特異点」）への到達の結果、人類の定義すら変化しかねない歴史段階に至るといわれているからである。

十年以上も前から、世界的には正常な経済成長が望めない段階に到達しており、資本主義が終焉を迎えているにもかかわらず、それから目をそらし、体制の延命策や対処療法的な政策を打ち続けると、この先、日本国家は大きな痛手を負うであろうことを警告する経済学者もいる。

私たちは、このような歴史的画期の到来を控えて、近代以来の常識を克服する新たな合理的な価値観を必要としている。そのような今こそ、歴史の振り返りを通じて「日本人とはなんだったのか」を問うことが求められよう。

それは、資本主義を支えた「成長神話」や「進歩史観」などなかった頃の、そしてなによりも自然環境の豊かだった頃の日本人の生き様と、それを支えた「原価値観」とでもいうべきものを発掘し追究することである。つまり、日本人固有の哲学や思想そして宗教の発見である。

そこで私たちが注目するのは、かつて数百年のながきにわたって栄えた半島である。そこに刻まれながら、忘れ去られようとしている前近代の記憶から学ぶべきものは、決して少なくないはずだ。ここでは、日本各地の半島を舞台に百年にもわたる戦国動乱が終焉を迎える時期に着目してみたい。そこで躍動する主人公は、**天下人・大名・海賊・忍者・一揆**と実に様々である。

内外の混乱を極めた戦国時代の末、日本人はどのようにして国家存亡の危機を回避したのだろうか。この動乱から泰平の時代への産みの苦しみこそ、現代の我々がもっとも学ばなければならないことではないのか。それでは、『戦国秘史秘伝』と銘打ち、あらためて日本の東西南北、様々な半島を訪ねる旅に出かけることにしよう。

目次

＊小学館『サライ』の連載企画「半島をゆく」に参加させていただき、2016年には『半島をゆく　第一巻　信長と戦国興亡編』（第一巻と表記する）として、30年来の友人である安部龍太郎さんと一緒に旅の記録をまとめることができた。
本書は、安部さんと私は別に報告書（戦国時代を中心に編集した）を発表することになった、というのがいきさつである。ちなみに、安部さんは拙著に先行して『日本はこうしてつくられた』を三冊も上梓されているので、ぜひお目通しいただきたい。

●オビの桶狭間合戦関連図　画／黒澤達矢　協力／名古屋市教育委員会

第一部

戦国時代の画期

一　桶狭間の戦い—知多半島の争奪戦—

■珍しい戦争

永禄三年（1560）五月の桶狭間の戦いは、戦国合戦のなかでもきわめて珍しい戦争だった。なにが珍しいかというと、少なくとも次の三つの理由があげられる。

第一が、よく言われるように寡兵での完全勝利である。ちなみに『信長公記《しんちょうこうき》』では、織田軍二千人対今川軍四万五〇〇〇人（通説では2万5100人）だったというが、このような大劣勢を信長は見事に覆したのだ。

第二が、下位勢力が上位勢力を打ち破ったことである。「おけはざま山」（以下においては桶狭間山と記す）に陣取る今川義元に対して、寡兵の信長が麓から攻め上って戦い、完全勝利を遂げた。なお、桶狭間山とは標高六十四・九mの三角点があった山を中心とする広域地名と推測されているが、正確な所在についてはいまなお不明である。

言うまでもないことではあるが、敵より高い位置に陣を張るのは戦場の常識である。相手の陣容がわかることや、弓や鉄炮《てっぽう》を撃ちかけるときに威力を発揮するからだ。それにもかかわらず、下位にあった信長が快勝したのである。

第三が、強大な戦国大名だった今川義元の首を取ったことに尽きる。雨中の行軍のなか、敵の本陣をつきとめて急襲し、大将の首をあげたのである。一度の戦争で敵将を討ち取るのは、もちろん数ある戦国合戦のなかでも希有の事例に属する。

大劣勢を正面からひっくり返した奇跡的勝利であるが故に、どうしてそれが可能だったのかについて古来広く注目されてきたが、今もって納得しうる理由は提示されていない。

以上をふまえて、ここでは二つのテーマを掲げたい。桶狭間の戦いは、信長にとっても、また今川氏に属した家康にとっても、人生の最大危機だったが、結果的に彼らが天下人になるための起点に位置づけられるものになった。

第一のテーマは、信長に関するものである。桶狭間の戦いとは、彼がほぼ尾張を統一した段階で直面した隣国との本格的な境界戦争だった。『信長公記』首巻の該当部分の検討から、信長の軍事行動を復元しつつ、大勝利の謎に迫ってみたい。第二のテーマは、家康に関するものである。今川方の大敗北によって生命の危機に直面したにもかかわらず、桶狭間の戦いは彼の人生を大転換させた戦争だった。家康は、兵粮《ひょうろう》を入れた大高《おおだか》城（名古屋市）で戦争の推移を見守ったのだが、最近の同城の発掘調査によって、家康が入城した頃の大規模な堀遺構が発見された。これをどのように理解するべきなのか謎ときしてみたい。

■否定された通説

桶狭間の戦いとは、長らく、今川義元の上洛戦の途上で発生した戦争といわれてきた。これに関しては、現在の研究においては否定されている。なんと言っても、永禄三年段階の義元に上洛戦の必然性が認められないからである。永禄二年に、信長は尾張北部を除き、同国をほぼ統一した。そのような状況の下、義元は信長の尾張統一を挫《くじ》き、今川領との境界を確定し、さらに領土を拡張するために遠征軍を発したとみられている。これについては、本多隆成氏（静岡大学名誉教授）が三段階で理解するべきであるとの見解を提示されているので紹介しよう。

第一が、三河支配の安定化を図るためである。義元は、家督を氏真《うじざね》に譲って駿河・遠江《とおとうみ》を任せ、反乱の絶えなかった三河支配の安定化をめざした。その流れからの戦争である。義元自身が大軍を引率して尾張国境まで押し出して、その勢いで三河支配を確乎《かっこ》たるものにしようとしたのだ。第二が、既に掌握していた尾張への橋頭堡《きょうとうほ》たる大高城と鳴海城（名古屋市）を援護して、三河支配の安定化を図る。ここには、織田方の付城《つけじろ》が複数築城され監視されていた。

これらを一掃して国境地域の今川領化を実現しようとした。第三は、大軍を擁して出陣し、状況如何では信長の本城清須城まで攻め落とすつもりがあった。しかし、結果的には第二段階すら実現されなかった。筆者は、このような理解がひとまず妥当な線だと判断している。

また信長の奇跡的な勝利の原因については、長らく迂回奇襲戦だったとみられてきた。地の利を得た信長の奇策によって大勝利を得たとみて、智将としての信長像が築かれてきた。これは、小瀬甫庵《おぜほあん》の『信長記』の記載に依拠したもので、それが明治時代になって陸軍参謀本部編『日本戦史　桶狭間役』に採用され、広く流布したのだった。

しかし、甫庵『信長記』は潤色が多く文学色が濃厚であり、史料としての価値には疑問符が付いている。不思議なことに、桶狭間の戦いに関するまとまった一次史料はない。編纂物としては、信長の弓衆として仕えた太田牛一《おおたぎゅういち》の手になる『信長公記』がある。同書は、江戸時代初期に原本が成立した同時代史料である。同書の記載に依拠して分析した藤本正行氏によって、信長は正面から義元を攻撃したことが指摘されている。

なお、『信長公記』は信長の幼少時代から信長が足利義昭を奉じて上洛した永禄十一年（1568）までを首巻とし、上洛から本能寺の変が起きた天正十年（1582）までの記録が全十六巻にまとめられている。ただし首巻は最後に成立し、信憑性の高い本巻とは性格が異なることが指摘されている。

残念ながら桶狭間の戦いは首巻の記事であるから、相応の史料批判が求められる。ここでは、『信長公記』(陽明文庫本、著者奥野高広・校注岩沢愿彦、角川書店)における桶狭間の戦いの部分を逐次現代語訳して紹介し、その後に内容を検討し解説を行なうことにしよう。

■前線からの急報

〔現代語訳〕

永禄三年(1560)[原文は天文二十一年]五月十七日、今川義元勢は沓掛《くつかけ》(愛知県豊明市)に参着し、十八日の夜に大高城へ兵粮を運び込んだ。この動きから、今川勢は翌十九日の援軍の出しにくい満潮時を選んで織田方の各砦《とりで》を落としにかかるに違いなしとの予測がなされ、十八日夕刻から佐久間盛重と織田秀敏からの注進が相次いだ。

〔解説〕

関係部分の冒頭から、戦争発生年次の誤記がみられる。実は関係部分に全部で三か所も天文二十一年と誤っているのである。これについては、後筆の可能性が指摘されている。研究者から記事自体の信憑性に疑義が呈されている所以《ゆえん》であるが、ここではひとまずこの問題はペンディングということで先に進もう。記述は、五月十七日に今川方が沓掛城に入城したことから始まる。今川軍の進軍の目的は、直接的には鳴海・大高両城の救援にあったとする。ということは、境目戦争(後詰《ごづめ》決戦)の一形態とみるべきである。確かに、両城共に黒末川(天白川の支流)をはじめとする複数の河川の集まる河口に立地し、伊勢湾に面する海城《うみじろ》である。ここでは、この地域の地形的特色について注目したい。

史料中に今川方が満潮時を選んで織田方の砦を攻撃するに違いないとの予測が記されている。その通り、鳴海城の付城である丹下《たんげ》砦や善照寺《ぜんしょうじ》砦や大高城の付城である鷲津《わしづ》・丸根両砦(すべて名古屋市)へは、満潮になると地続きではなくなり尾張方面からは徒渡《かちわた》りできないようになった。丸根砦の佐久間盛重と鷲津砦の織田秀敏は、織田方の援軍が期待できない状況になるのを待って、今川勢が攻め寄せると考え、信長に通報したのである。

ここで、この戦争が旧暦の五月中旬に行なわれたことに注目したい。現在でいえば、六月中旬の梅雨のまっただなかということになる。義元は、国境地域の地形的な特徴を読んで出陣したとみられる。この季節に満潮時を選んで戦争を行なえば、織田方からは満ち潮に遮断されて手出しができないとみて出陣したのである。このような緊迫した状況下、清須城では戦《いくさ》評定がもたれた。

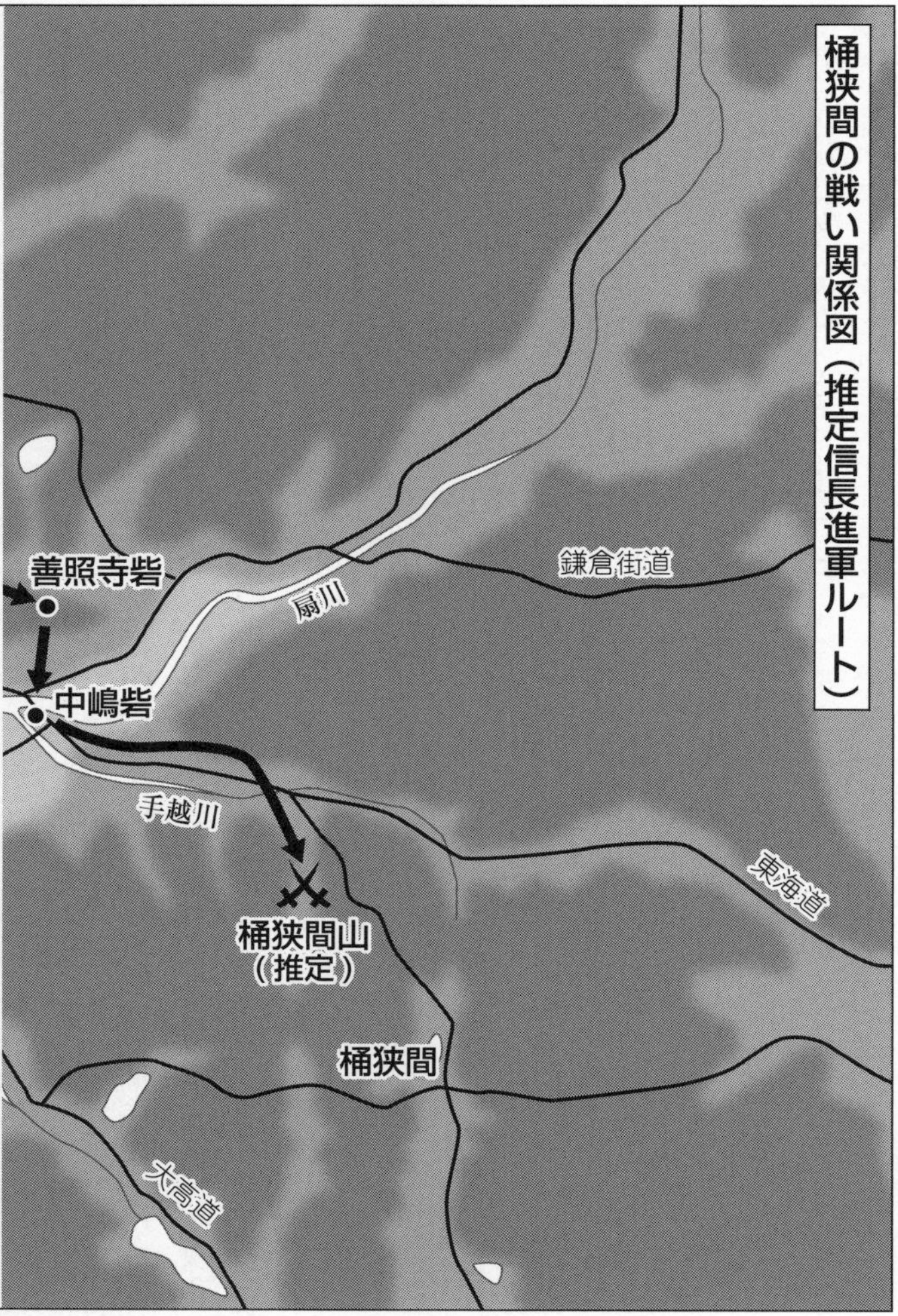
桶狭間の戦い関係図（推定信長進軍ルート）
善照寺砦
中嶋砦
扇川
鎌倉街道
手越川
東海道
桶狭間山
（推定）
桶狭間
大高道

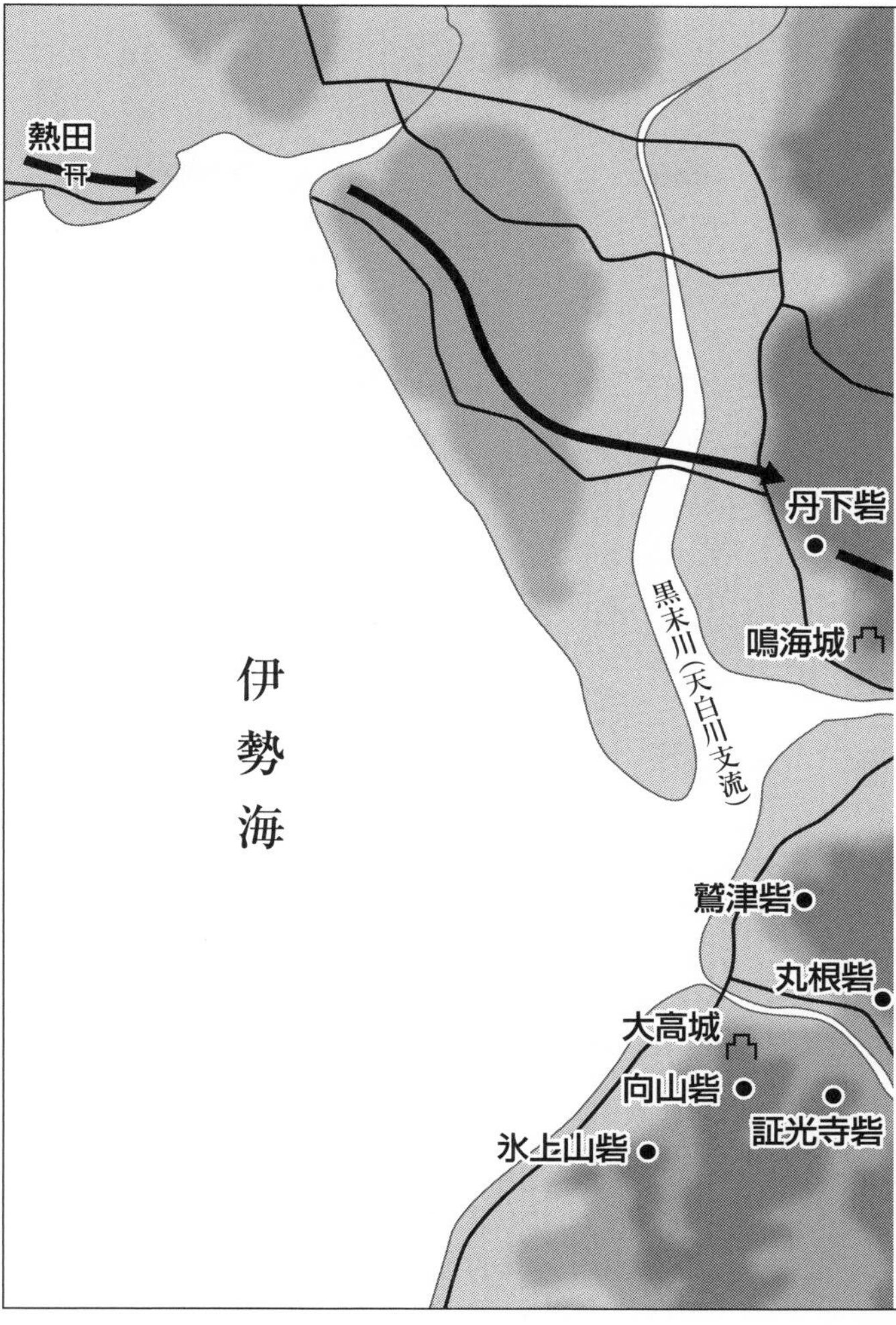
熱田
丹下砦
鳴海城
黒末川(天白川支流)
伊勢海
鷲津砦
丸根砦
大高城
向山砦
証光寺砦
氷上山砦

■秘策を胸に

〔現代語訳〕

しかしその夜、信長公は夜話で特に軍立てをするでもなく、色々雑談をしただけで深更に及んだので家臣に散会を命じてしまった。家老たちは「運の末ともなれば、知恵の鏡も曇るものよ」と嘲笑して帰っていった。懸念の通り、夜明け時になって佐久間盛重と織田秀敏から、早くも鷲津砦・丸根砦が囲まれたとの報が次々に入った。

この時、信長は「敦盛《あつもり》」を舞われた。「人間五十年　下天の内をくらぶれば　夢幻の如くなり　一度生を得て滅せぬ者のあるべきか」、とひとしきり舞った。そして、「貝を吹け」「具足をもて」と下知を発した。具足をすばやく身につけ、立ちながらに食事をすると、信長公は兜を被って御出陣された。このとき後に従ったのは、小姓衆の岩室長門守らわずかに主従六騎だった。

彼らは、熱田までの三里を一気に駆けた。辰の刻（午前七時）ごろ、上知我麻《かみちかま》神社の前で東方をご覧になり、鷲津・丸根の両砦が陥落したようで煙が上っていた。この間、馬上六騎・雑兵二〇〇ほどになっていた。

海岸沿いを行けば距離は近いが、潮が満ちて馬の足には不便なので、熱田からは内陸の道を全力で進んで丹下砦に入り、さらに佐久間氏の善照寺砦に進んで兵の参集を待ち、陣容を整えた。そして前線の状況をご覧になった。御敵今川義元は四万五〇〇〇の軍隊を率い、桶狭間山にて兵馬を止めて休息していた。

〔解説〕

信長は、清須城で家臣たちと陣立てを話し合うのではなく、夜話程度でさっさと戦評定を切り上げた。家臣のなかには、「運の尽きだ！」と悲嘆する者もあったという。しかし、実は信長はある作戦を秘匿していたのだった。開示すると、必ず家臣たちから猛反対があることが予想されたからであろう。

秘策を胸に、信長は五月十九日の早朝に出陣する。つまり伊勢湾が満潮になる前に、全軍が湾岸の低湿地を通過して丘陵地域へ到着するようにしたのである。全軍が集結するのを待って押し出すのではなく、信長がクサビ役になって家臣たちが後に従い、やがて全軍が追いつくように仕向けたのである。

信長は、高台の善照寺砦《ぜんしょうじとりで》にて今川方の本陣を確認している。現在、砦跡の公園からは広大な大高緑地公園が一望できるが、当時は丘陵地形が広がり、今川軍の陣所から朝食用の炊飯の煙などが立ち上っていたであろう。

義元の本陣は、「桶狭間山」と記されている。現時点でその地点は判明していないが、周囲の麓地域には深田が広がっていたことは確実で、また眺望や指揮の必要上、この高所を応急に伐り開いて陣所を普請《ふしん》したと推測される。

これに対して信長は、あえて丘陵地域での決戦を選んだと思われる。地形上、大規模な長槍隊ましてや鉄炮隊は展開しにくい状況にあり、白兵戦しかなかったからである。しかも、急ごしらえで造成した馬廻りや小姓たちつまり近習《きんじゅう》が結集する程度の小規模な陣所だったから、そこを織田軍が急襲すれば、大将を救援するべく今川全軍が集結するのはむずかしかったのではないかと推測する。

■義元の油断

〔現代語訳〕
(原文は天文二十一年) 五月十九日の正午にさしかかっていた。義元は北西に軍勢を揃えて、「鷲津・丸根両城を陥落させ、満足この上ない」と言い、陣中で謡を三番うたっていたとのことだ。このたび徳川家康 (当時は松平元康) は、この戦で朱色の武具を身にまとって、先懸けとして大高城に兵粮を入れ、鷲津・丸根の攻略まで手を焼き疲れたので、人馬を休息させ大高城に在陣していた。

信長が善照寺に入ったのを知った佐々《さっさ》隼人正《はやとのしょう》（政次）と千秋《せんしゅう》四郎（季忠《すえただ》）の二将は、三〇〇あまりの軍勢で今川勢に向かい、打って出てしまった。攻撃はいとも簡単に跳ね返されて千秋四郎や佐々隼人正をはじめとして五十余騎が討ち死にした。これを見た義元は、「わが矛先には天魔鬼神もかなわないだろう。心地よい」と上機嫌になり、ゆっくりと謡をうたい、陣を据えた。

〔解説〕

今川義元は、大高城の付城鷲津・丸根両城を落とし、さらに大高城には徳川家康が兵粮を入れた。そこに、信長の先陣を務める佐々政次と千秋季忠が三〇〇余りの兵力で、今川勢と正面衝突して五十騎ばかりの味方とともに戦死した。義元は、このような戦況を確認しつつ、得意満面で桶狭間山に陣取りした。結果論ではあるが、この段階で彼は信長の術中にはまっていたといえよう。

■敵前渡河

〔現代語訳〕

信長は戦況をご覧になって、さらに中島砦に進もうとした。しかし中島までは一面の深田で、足を入れると動きが取れなくなるので一騎ずつ徒行する道であり、「敵からは無勢の様子が丸見えとなってしまいます。もってのほかです」と、家老たちは馬の轡《くつわ》をとって諫《いさ》めた。それでも信長は聞かず、振り切って中島砦へ移った。この時点でも人数は二〇〇〇に満たなかったということである。信長はさらに中島砦を出ようとしたが、今度はひとまず押しとどめられた。

ここに至って信長公は全軍に布達した。「皆の者よくよく聞け、敵は宵に食事をして夜中行軍し、大高城に兵粮を入れ、鷲津・丸根にて戦い、疲れ果てたる兵士である。くらべて我が軍は新手である。だから小軍であっても大敵を怖れることはない。運は天に在り、ということを知らぬか。敵が懸かれば引き、退けば追え。なんとしても敵をもみ倒し、追い崩すことはたやすいことだ。分捕りはせず、首は打ち捨てにせよ。この一戦に勝ったならば、ここに参陣した者は家の面目、末代にまでの功名になる。一心に励むべし」と仰った。

ここで、前田又左衛門（利家）・毛利河内（長秀）・毛利十郎・木下雅楽助《うたのすけ》（嘉俊）・中川金右衛門・佐久間弥太郎・森小介・安食弥太郎・魚住隼人が、それぞれに討ち取った首をもってきた。信長は彼らにも右の趣旨をいちいち仰った。

〔解説〕

「我が軍は新手である」との信長の言葉を信じるならば、前日の十八日までに織田軍の主力部隊は出陣して戦場近辺で野営していた可能性がある。信長は、深田のなかの一本道を進めば味方の軍勢が寡兵であることがわかるため家老たちが諫止《かんし》するのも聞かずに、扇川と手越川が合流する中州に築かれた中島砦に入った。そして時を置かずに、同砦を出陣した。まさに潮が満ちようとしていたからであろう。あえて信長は敵前渡河を決行したのだった。

前夜、信長が戦《いくさ》評定をしなかったのは、このことと関連するだろう。作戦を秘匿せねば、信長の退路を断ったうえでの正面攻撃に家老たちは猛反対し、絶対にそれをさせないだろうと判断したからだ。その甲斐あって、先陣を務める前田利家をはじめとする近習たちは、幸先よく敵の首をあげて信長の前に差し出した。

■線状降水帯？

〔現代語訳〕

桶狭間山の山際まで進軍した時に、にわか雨が石か氷を投げ打つように降り出した。北西を向いて布陣した敵には、雨が顔に降りかかった。味方には後方から降りかかった。この突然の嵐によって、沓掛の峠に立つふた抱えほどもある楠が東へ向いて倒れた。あまりのことに、人々はこれぞ熱田大明神の神慮による戦いかと言った。

空が晴れたのをご覧になって、信長は槍をおっ取って、大音声で「すわ、かかれ、かかれ」と下知された。全軍は義元の本陣をめがけ黒い玉となって懸かっていった。この様を目にした今川勢は、ひとたまりもなく崩れ立った。弓・槍・鉄炮・幟《のぼり》・指物も打ち捨て、算を乱すとはこのことか。義元の塗輿《ぬりごし》までも捨てて逃げ出した。

〔解説〕

河口の低湿地を越えた織田軍は、丘陵部を東西に走る街道（江戸時代の東海道）を進み桶狭間山の麓まで到達した。そこでにわかに集中豪雨が発生した。それは嵐と表現され、沓掛の峠のランドマークだった楠の大木が倒れるほどの勢いだった。織田方の人々は熱田明神の神慮と言ったが、信長にはある程度の読みがあったのかもしれない。なぜなら、この季節に豪雨がしばしば発生していたからだ。

これについては、線状降水帯という言葉を思いつく読者も少なくないのではなかろうか。気象庁によると、「次々と発生する発達した雨雲（積乱雲）が列をなし、組織化した積乱雲群によって、数時間にわたってほぼ同じ場所を通過または停滞することで作り出される、線状に伸びる長さ五十～三〇〇km程度、幅二十～五十km程度の強い局地的な降水をともなう雨域」をさす。このような豪雨は、梅雨の季節に発生しやすく、雹《ひょう》を伴うこともあるという。

時はまさに梅雨の時期、しかも戦場は海に近い地点で、氷雨を伴う雹が降ったと記載されていることから、線状降水帯に該当する可能性は高いだろう。突然の氷雨によって、将兵は体温を奪われ兵力は低減しただろう。なによりも、火薬が濡れて鉄炮が使えなくなったことが大きい。

突然の豪雨については偶然だったとみることもできるが、当時の軍配者（軍師）は気象に詳しいことを前提としており、信長も当然ながら気象情報に気を遣っていたであろう。想像の範囲内ではあるが、この「天佑《てんゆう》」が予想のうちにあったかもしれない。

義元は朝方の戦勝に気をよくして山上の急ごしらえの陣所で休息を取っていたが、この豪雨に軍兵たちも一斉に木々の下で雨宿りをしたであろう。雨がやむまで、陣所はもぬけの空になった可能性がある。雨がやんだ途端、信長は機を逃さず本陣を急襲する。おそらく今川方は、陣備えを復元する前に信長の精鋭隊に襲われたのだろう。ひとたまりもなく敗れてしまうのは、今川方にとって不測の条件が重なったからだ。

■あっけない最期

〔現代語訳〕

（原文は天文二十一年）五月十九日、「義元の旗本はあれだ。あれにかかれ」と信長の御下知があった。未の刻（午後二時頃）、東に向かって攻め懸かられた。はじめは義元は周囲を三〇〇騎ばかりに囲まれて後退していた。そこを織田勢に対して二度・三度・四度・五度にわたって反撃するうちに、次第に無人になり、最後は五十騎ほどになってしまった。

信長も馬を降り、若武者らと先を争い、槍をふるって敵を突き伏せ突き倒した。頭に血の上った若者たちも乱れかかって鎬《しのぎ》を削り、鍔《つば》を砕いて激戦を展開した。しかし敵味方の武者は、指物などの色で識別ができた。歴戦の馬廻・小姓衆にも手負いや死者が相次いだ。そのうちに服部小平太（一忠）が義元に肉薄した。義元は佩刀《はいとう》を抜いて服部の膝を払い倒れた。

毛利新介（良勝）は義元を切りつけて首を取った。毛利は先年（天文二十三年）に清須城において武衛様《ぶえいさま》（斯波義銀《しばよしかね》）が暗殺された折、その弟君を救った者である。人々はその冥加があらわれてこのたびの手柄となったのだろうとのちに噂した。

今川軍は、運の尽きた証拠であろうか。桶狭間という所は谷が入り組み、谷が入り組み、深田に足を取られ、高みには草木が茂っているまったくの難所である。逃げまどう今川勢は深田に踏み込んでは足をとられ、若武者が追いつき追いつき今川勢の首を二つ三つずつ挙げ、信長の御前におとずれた。信長は実検は清須城で行なうと申し渡し、義元の首のみをご覧になられ、大変ご満足で、もと来た道をたどって帰陣された。

〔解説〕

信長は、街道の走る麓から山上の義元の本陣に乗り込み、大音声で近習たちに突撃を命じた。彼らの目前には、周囲を三〇〇騎ばかりに囲まれた大将義元がいた。やはり近習ばかりの本陣だった。岩瀬文庫本『三河記』は、そこにいたのは「義元ノ近臣」で「三千計《ばかり》ニハ不過《すぎず》」と記す。

こうみると、山上の急ごしらえの本陣とその周辺において、両将とその近習同士の直接対決が行なわれたのである。おそらく、周囲に広がって布陣していた今川の大軍勢が援護に来ようとしても、深田がそれを阻んだのではなかろうか。したがって山上では、彼我の軍勢規模の差はほとんどなかったとみられる。

勢いに勝る織田軍が押しに押して、追い込まれた今川勢には討ち死にや逃亡者が相次ぎ、最終的に五十騎ばかりになってしまった。敵地で追い詰められる今川軍よりも、熱田明神の神威を背景にした織田軍に勢いがあったのは当然である。そして、ついに毛利新介が義元の首を取った。

桶狭間山の本陣から離れた場所で、義元は討たれた。現在、古戦場故地については、愛知県豊明市の「桶狭間古戦場伝説地」(国指定史跡)と名古屋市緑区の「桶狭間古戦場公園」の二か所が存在する。いずれも近距離にあり、推定「桶狭間山」からも近い。信長のもとには次々と敵将の首が届けられたが、義元の首のみを実検して清須城に帰還した。

■義元の敗因

ここで、義元の敗因について検討したい。思い込みと慢心が、このような惨めな敗戦を招いたと言わざるを得ない。潮が満ちていくなか、義元はよもや信長が敵前渡河という危険を冒してまで攻撃してくるとは思わなかった。しかも突然、暴風雨が襲ったため、ますます攻撃はないとの確信を深めたのではあるまいか。

その意味で、藤本正行氏が指摘するように「作戦の虚を衝かれた」と言ってもよい。近年、黒田日出男氏によって乱取り急襲説が提示されている。軍隊の大部分を占める雑兵らが、本隊を離れて人盗りや物盗りに励んでいた最中に決戦が行なわれてしまったという説であるが、『甲陽軍鑑』に依拠した見解であり、いささか根拠が薄弱と言わざるをえない。

ここで、筆者にとっての謎を示したい。それは、どうして信長が義元の本陣の位置を正確に知っていたのかである。以前、信長の行軍を追体験するために徒歩で調査したことがあるが、見通しのよい善照寺砦跡から眺望しても、「距離的・地形的に本陣は目視できず、わからなかったのではないか？」との疑問をもったことを思い出す。

読者諸賢には、ここまでの『信長公記』の記述を確認していただきたい。寡兵の信長が、終始迷うことなく義元の本陣に接近している。麓から桶狭間山の頂上部に普請された本陣は、恐らく見通せなかったと思われる。したがって、あらかじめ遠望して確認できない限り、敵前渡河といった大胆な行動はできなかったと判断する。

以上の推測は、「桶狭間というところは谷が入り組み、深田に足を取られ、高みには草木が茂っているまったくの難所である」という『信長公記』の記載に基づくものである。ただし、本陣を造成するために樹木が伐採され、しかも煮炊きなどで煙が上がっていたならば見当がついたかもしれない。現在のような樹木の茂った山容だった場合のことである。

近年の研究によると、近世の郷村の周りに存在した里山は、燃料となる樹木の伐採によってはげ山化が進み草山となっていたといわれている。麓に深田が存在したとすると、里山として利用されていた可能性がある。もし桶狭間山が草山化していたとするならば、善照寺砦あたりから本陣を見通すことができたであろうから、信長が敵前渡河した理由も氷解するだろう。

■天道に背いた罰

〔現代語訳〕
一、山口教継《のりつぐ》・教吉《のりよし》父子に、信長の父信秀は長年目をかけ鳴海に在城させた。信秀が不慮の死を遂げて、程なく厚恩を忘れて信長に敵対し、義元に忠義立てして居城鳴海に今川勢を引き入れたため、知多郡は義元方となった。そのうえ愛知郡へ押し入り、笠寺というところに砦を構え、岡部五郎兵衛（元信）・葛山播磨（長嘉）・浅井小四郎・飯尾豊前（顕茲）・三浦左馬助（義就）を在城させた。鳴海には子息山口教吉を入れ置き、笠寺の並びの中村郷に砦を構え、山口教継が居城した。このように重ね重ね忠節を尽くしたにもかかわらず、義元は駿河に山口父子を呼び出し、褒美を少しも与えず、無情にも問答無用で切腹させた。

世は末世だというのに、今も日月は厳然と天にある。この度、義元は山口氏の領地に来た。鳴海に四万五〇〇〇の大軍をなびかせたが、それも役に立たず、千分の一の信長勢、わずか二〇〇〇の信長軍に追われて逃げ死にしてしまったが、これも浅ましい巡り合わせというか、因果は歴然というものである。善悪の二つの道理は明らかで、天道に背くと恐ろしいことになるものである。

〔解説〕

太田牛一は、義元の敗因を前鳴海城主山口教継・教吉父子に対する無情な仕打ちに求めている。信長の父親信秀の代に山口父子に目をかけ鳴海城を預けた。彼らは、信秀が死去すると織田家を見捨てて今川方となった。しかも、今川勢を入れたため知多郡は今川方になった。このような忠節があったにもかかわらず、義元は山口父子を駿河に呼び寄せて謀殺してしまった。

牛一は、このような無情な仕打ちを犯したため、山口父子の領地まで進軍した義元が討たれてしまったのも、天道に背く浅ましい巡り合わせにあったと記述する。因果応報というのである。

■海から見た桶狭間の戦い

〔現代語訳〕

山田新右衛門という者は駿河の士で、義元は特に目をかけていた。義元討ち死にと聞くや馬首を返して織田勢に突入して戦死を遂げた。「まことに命は義によりて軽し」というのはこのことである。

また二俣城主の松井五八郎は、その一門一党二〇〇人とともに戦場に枕を並べて討ち死にした。この戦争で、名のある武士多数が討ち死にした。

河内の二の江の入道で、鯏浦《うぐいうら》（愛知県弥富市）の服部左京助（友貞）は、義元に呼応して兵船約千艘を出し、海上に蜘蛛の子を散らしたように並べ、大高城の下、黒末川の河口まで乗り入れたが、格別の働きもなく引き返した。帰りがけに熱田の町に舟を着けて、浅瀬から降りて町口を焼き討ちしようとしたが、町人たちが引き寄せて反撃したので数十人を討たれ、成果なく河内へ引き返した。

〔解説〕

前半部分は、牛一が敗退した今川方にも山田新右衛門（元益）や遠江二俣城主の松井五八郎とその家臣団二〇〇人といった勇士がいたことを紹介した部分である。続いて、河内すなわち輪中《わじゅう》地帯の海賊衆である服部友貞が、義元の招きに応じて大高城まで約一〇〇〇艘という大船団を率いて参陣したことを記す。彼らは海上に散開し、黒末川の河口まで侵入した。これは、織田軍の退路を断つための軍事行動であろう。

しかし、信長が大勝利を得たので帰陣せざるをえなかった。そのついでに、信長方の熱田の町を襲ったが、結束した町人たちの防戦によって数十人が討ち取られ、成果なく帰陣した。

この部分に依拠して、大規模な海上勢力を動員した尾張侵攻計画があったとする指摘がある。興味深い見解であるが、服部氏の河内水軍の参陣ばかりか三河水軍の支援を想定するような見方には史料的根拠が伴わず、否定的な見解が提示されている。

■首実検と義元塚

〔現代語訳〕

信長は、馬先に義元の首を下げられて帰城を急がせたので、まだ日のあるうちに清須に帰着し、翌日になって首実検を行なった。首数は三〇〇〇余にのぼった。義元が使っていた鞭と弓懸をもっている同朋《どうぼう》を、下方九郎右衛門という者が捕らえ、引き出されてきた。信長は近頃珍しい手柄だと言って褒美を与え、上機嫌であった。

同朋は義元の討ち死に前後の状況を申し上げ、多くの首の一々に見知った首の姓名を書き付けさせた。信長は、この同朋に金銀飾り付きの太刀・脇差しを与え、十人の僧を伴わせて義元の首を駿河に届けさせた。

清須から二十町南の須ケ口の熱田へ向かう街道筋に義元塚を築かれ、供養のため千部経が行なわれ大卒塔婆が立てられた。このたび義元を討ち取った際に義元が常に佩《は》いていた秘蔵の名誉の左文字《さもんじ》の銘刀を召し上げて、何度も試し切りをして愛用するところとなった。この合戦に勝利した手柄は、いうまでもないことである。

さて鳴海城には、岡部五郎兵衛（元信）が籠もっていたが、降伏したので一命は助けられた。大高城・沓掛城・池鯉鮒《ちりゅう》城・重原城（両城ともに愛知県知立市）の五城も同時に開城した。

〔解説〕

清須城に帰還した信長は、翌日に首実検を行なった。従軍した今川方の同朋衆（時宗などの僧侶で将軍や大名に近侍した）が捕まえられて引き出された。信長は彼に義元の討ち死に前後の様子を尋ね、多くの首のなかから旧知の武将を見つけ出し、姓名を書き付けさせた。

注目するべきは、義元に対する信長の手厚い供養である。首を同朋にもたせて駿府に送り返したが、義元の供養のために義元塚を築き千部経を読経させたのである。義元塚は、須ケ口すなわち清須城下への南入口に造立されたが、現在は清須市の正覚寺に移されているが、その他に豊川市の大聖寺に胴塚が、西尾市の東向寺に首塚がある。

続いて、有名な信長所蔵の義元の愛刀「義元左文字」（重要文化財、建勲神社所蔵）の由来が記されている。元来は、三好政長が所持したもので（故に「宗三《そうさん》左文字」とも）、それを武田信虎に贈り、信虎は息女（定恵院）が今川義元に嫁ぐ折に持たせたというものである。信長は、この太刀を擦《す》り上げて打刀とし、中子《なかご》の表には「永禄三年五月十九日義元討捕刻彼所持刀」、裏には「織田尾張守信長」と金象嵌《きんぞうがん》をいれた。

鳴海城に置かれていた岡部元信は、敗戦後も抵抗し続け、信長が差し向けた部隊をことごとく撃退し、義元の首と引き換えに開城を申し入れたという。ただし、先述したように同朋衆に持たせていたことから誤りであろう。強く抵抗したから退去が許されたようであるが、駿府への帰還途次に刈谷城主の水野信近を討ち取っている。

以上、関係史料が少ないため、これまでもっとも依拠されてきた『信長公記』首巻の該当個所から、桶狭間の戦いの復元を試みた。ここで、あらためて信長の勝因を考えてみたい。

それはなんと言っても、義元の本陣を正確に知っていたこと。そして、満潮になる前に桶狭間山の丘陵部に到達していたことに尽きる。

先述したように、桶狭間山周辺が草山化していたら、善照寺砦から目視ができたであろう。そうでない場合は、内通者などからあらかじめ義元の軍事行動が知らされていなければむずかしい。もっとも、最高所に陣を張るというのは軍事の常識であるから、おのずとわかるものだったのかもしれない。

よもや退路を断ってまで信長が急襲するはずなどないとみていた義元の慢心を衝いたことについては、強行軍を得意とする信長らしい戦略である。たとえば、天文二十三年（1554）の今川方の村木城（愛知県東浦町）攻めにおいて、緒川城の水野信元を救援するために、強風をものともせず熱田から二十里の海路をわずか一時間で緒川に渡海したことが想起される。

義元の最大の敗因は、予断にもとづく慢心というべきであろう。常識的な読みのもと行軍しているが、信長にはそれが通じなかった。確かに豪雨が命取りになったが、それとて信長の予想の範囲にあったのかもしれない。信長の大勝利は、常識を覆した果敢な行動力に、集中豪雨という偶然が味方したことがもたらしたものだった。

■大高城跡で見つかった大堀

現在、大高城跡の本丸付近（名古屋市緑区、大高城公園内）で発掘調査が行なわれている。ここは、一九三八年に丸根砦跡と鷲津砦跡とをあわせて国指定史跡になっており、ほかに名古屋市内の国指定史跡としての城跡は、名古屋城跡が一九三二年に指定されているのみである。大高城については、髙田徹氏が「遺構がほぼ良好に残る城跡の一つ」と指摘されており、また尾張藩家老志水家が守る近世「古城」として活用されたことにも注目するべきである。つまり、中世から近世を通じて機能した城郭として評価される貴重な遺跡なのだ。

まず当城の立地について検討したい。現在は、住宅街のなかに存在しているが、知多半島の付け根に形成された丘陵の最北端に位置する。つまり知多半島支配においても、きわめて重要な位置に築かれた城郭だったのである。

元来は織田方の城郭だったのであるが、鳴海城主山口左馬助（教継）が今川方に寝返り、あわせて当城を押さえたことから今川方の城郭となった。したがって、鳴海城と一体で尾張における今川方の前線基地となっていたのである。

このような状況から、織田方によって丸根・鷲津の両砦が監視のための付城として普請された。なお、大高城と連携して機能した鳴海城であるが、根小屋城ともよばれ、室町時代の応永年間に築城されたという。

根小屋といわれるように、本来は至近で高所にある善照寺砦が詰城で、これらが一体になって普請された城郭と考えられる。桶狭間の戦いの時期には、善照寺砦が織田方の付城となっており、同様の付城だった丹下砦とともに戦場に向かう信長が立ち寄っている。

このようにみると、今川方の大高城と鳴海城、織田方の付城丸根・鷲津両砦と丹下・善照寺両砦は、それぞれが織田・今川の境界地域に築城された重要城郭群として一体の関係にあり、しかも信長・家康・義元に関わる文化財としての意義は大きい。以上の前提をふまえたうえで、大高城について検討する。

前述したように、近年における発掘の結果、本丸の一段下の二の丸に本丸を囲むように掘られた大規模な堀跡が確認された。これは、蓬左《ほうさ》文庫所蔵「知多郡大高村古城絵図」に描かれた堀に合致するもので、幅は十四・八m以上、深さ四m以上の大堀だった。出土物は、鍋・すり鉢・茶碗・笄《こうがい》・硯《すずり》などで、埋土は十五世紀後半から十六世紀前半と十六世紀中葉の二層が中心という。

そうすると、家康が入城した時点でこの堀は存在したが、合戦にあたってそれを大規模に掘削した可能性もある。その理由は、おそらく義元の本陣になる予定だったから、防衛力を強化したのだろう。

■環伊勢海世界における知多半島

『信長公記』には、家康があらかじめ五月十八日の夜に兵粮を入れていたこと。さらに海賊衆服部友貞が、義元の招きに応じて大高城まで約千艘という大船団を率いて参陣したこと。彼らは海上に散開し、黒末川の河口まで侵入したと記されている。

これらを総合すると、当初の義元の作戦は大高城から鳴海城にかけての一帯に大軍を展開し、海路を利用して熱田方面へと出撃する予定だったのではなかろうか。義元は、信長自身が黒末川河口を渡河して丘陵部へと進軍することを想定していなかった。おそらく清須に籠城するとみており、せいぜい前哨戦は熱田近辺でなされると予想していたのではなかろうか。

今川方の先陣を任された家康だったが、彼にとっては十九歳にしてはじめて経験する大規模戦争だった。義元は、楽勝とみて家康に先陣の功をたてるチャンスを与えたのだろう。ところが、思いも寄らぬ敗戦に直面した。

ここで注目したいのは、地元勢力としての水野氏の存在である。信長麾下《きか》の水野信元は、十九日の夕刻に甥である家康に大高城からの退城を勧告したという。戦後、信元は瞬く間に大高城のほか刈谷城や重原城を奪取した。この戦争のおかげで、領地支配を強化することができたのだった。また、家康は十九日の夜半に大高城を出て、菩提寺である大樹寺（岡崎市）に入り、今川勢が退去した後の二十三日に旧城岡崎城へと十年ぶりに帰還した。

結果論ではあるが、桶狭間の戦いは家康が今川氏から解放され岡崎城主として飛躍する大きなチャンスとなった戦争と位置づけられる。それに加えて水野氏による知多半島支配の強化が実現した。信長にとって、戦後進められる水野氏さらには家康との連携の強化は、敵対する今川・武田両氏に対する軍事力の飛躍的強化に直結してゆく。

これまでの桶狭間の戦いにおいて欠落していた観点がある。それは、信長の知多半島支配が決定的となったことである。既に村木城攻撃についてふれているが、信長にとって知多半島の支配はきわめて重要だった。斎藤道三の重臣安藤守就に居城名古屋城を任せて出陣するという大胆な選択をしてまで、水野氏の所領支配を援護したのである。

筆者は、知多半島を尾張支配との関係で重要視しただけではないと考える。尾張時代の信長は、津島や熱田といった流通拠点の維持に腐心した。これは、伊勢海支配を構想していたからであろう。伊勢海とは、琵琶湖の二・五倍もの規模をもつ内海であり、知多半島先端の師崎《もろざき》から渥美半島先端の伊良湖を介して伊勢や志摩の港湾都市に連なっていた。

この海域世界の流通を掌握するために、やがて信長は伊勢攻撃を果敢に仕掛けることになる。そして、この延長上に琵琶湖における安土城を扇の要とする長浜（北国への拠点）・佐和山（美濃・尾張への拠点）・坂本（京都への拠点）・大溝（山陰への拠点）といった拠点城郭配置方式が位置する。

■なにを評価するのか

桶狭間の戦いについては、長らく迂回奇襲戦が信じられてきた。しかしそれにかわって正面攻撃説が浸透すると、それが通説のように位置づけられているが、それで決定したのではない。基本史料として現時点では『信長公記』しかないという、限界があるからである。ここでは、正面攻撃説も仮説段階にあること、信頼性の高い新史料が発見されれば見方が変わる可能性をあらためて確認しておきたい。

近年においては、陸戦と言うよりも大規模海戦として評価する視点も提示されている。すなわち服部英雄氏は、「桶狭間の合戦は桶狭間山周囲の局地戦ではなく、伊勢湾での制海権争奪も含む、知多半島北部、陸・海の合戦ではないか」というダイナミックな見方を提示されているが、史料的な限界から通説になるまでには至っていない。

この戦争は、信長の常識を覆す戦略の勝利というべきである。つまり今川軍と戦闘したのは織田軍の先遣隊のみであり、信長本隊はあくまでも清須城に籠城していると義元が認識し、それを前提に桶狭間山で陣を張っていた蓋然性すらあるのだ。

あらためて、如上の『信長公記』の現代語訳部分（桶狭間の戦い関係部分のすべてを引用している）を読み直してほしい。義元は、本陣めざして襲ってきたのは信長自身が指揮する本隊だと認識しないままだったとも読めるのではないか。

寡兵とはいえ二〇〇〇の兵力が一丸となって突入する可能性を、はなから考慮していなかったとするならば、たとえ豪雨がなかったとしても、今川軍は敗退したのではなかろうか。義元に、信長がそのような豪胆な作戦を断行するような器量はないとみていたとするならば、偶然の勝利とは言えないであろう。前夜の清須城において、信長が家臣団に作戦を開示しなかったことこそが勝因となる。

最後に、桶狭間の戦いの歴史的意義をまとめておきたい。
①織田・徳川間に、以後二十年に及ぶ攻守同盟が成立した。
翌永禄四年の二月か三月に、信長は今川氏の傘下から離脱した家康と、水野信元の仲介で

領土協定を結んだ。これが天下統一の前提条件になった。たとえば、永禄十一年の上洛戦や元亀元年の姉川の戦いに、家康が参陣したことは大きい。

ただし、将軍足利義昭のもと両者は対等関係にあった。しかし天正三年に信長が右近衛大将に任官して将軍相当者となって以降は、上下関係になった。このように、信長と家康の関係は室町幕府体制における家格秩序を前提としていたことは興味深い。

②信長が上洛戦の条件を獲得した。

信長にとっては、東国方面からの軍事圧力が消滅し、以後一貫して進められる西国方面への進出を可能にした。つまり家康は、信長の東側で織田領国を守備する役割を果たすことになった。

③信長のカリスマ性が確立し、家中支配が安定する大きな画期となった。

先述したように、桶狭間の戦いに際して、重臣たちからは「運の末には智慧の鏡も曇るとは、此の節なり」と「嘲哢《ちょうろう》」されている。この段階では、信長の権威も絶対的ではないのである。しかしこの戦いに勝利して後、管見の限りでは、この種の家臣団からの批判はみあたらない。奇跡の勝利によって、家中におけるカリスマ支配が確立したのであろう。

今川義元の墓所（愛知県豊明市）。古戦場と街道に至近の地にある。

水野家の本拠・緒川城（愛知県東浦町）。家康の母・於大はこの地で生まれた。

二　忍者衆と神君「甲賀」越え　家康は敵地を突破したのか？

■忍者の故郷

明智光秀のクーデター・本能寺の変に対する、豊臣秀吉や徳川家康の奇跡的な対応は、「中国大返し」や「神君伊賀越え」だった。ここでお話ししたいのは、伊賀や甲賀の忍者たちが活躍したといわれる「神君伊賀越え」の実態である。ここでは、その前提として「忍者とはなにか」という問題から始めたい。

甲賀や伊賀といった忍者たちの故郷は、郡中惣《ぐんちゅうそう》や惣国一揆といった大規模な地域的一揆が形成されていたことで知られる。それが甲賀郡中惣や伊賀惣国一揆であり、これらの研究は一九七〇年代から八〇年代にかけてピークを迎えた。その基礎に位置づけられるのが惣村《そうそん》論・一揆論であり、同時にそれらを主導するリーダーとしての土豪・地侍層にも注目が集まった。

ただし、地域的一揆については、いまなお異なる二つの見解がある。その一つが、「地域的一揆体制」論である。これは、土豪・地侍の地域的一揆が、六角氏や浅井氏らの畿内近国型の戦国大名権力を支えたとする見方である（宮島敬一『戦国期社会の形成と展開　浅井・六角氏と地域社会』吉川弘文館、1996年）。

これに対して、地域的一揆のリーダーを幕府奉公衆・御家人とみる見解がある（石田晴男『中世山中氏と甲賀郡中惣』同成社、2021年）。国人領主とよばれる土豪・地侍を束ねる数か村規模の領主こそ、地域的一揆の主要構成員とみる見解である。

つまり、地域的一揆のリーダーが歴《れっき》とした領主だったとみるのか、上層農民だったとするのかについては、いまなお議論の決着をみていない。確かに、一揆内部には幕府奉公衆クラスも存在したのではあるが、彼らのみによる独裁が実現したわけではなく、土豪・地侍層と協力しつつ集団支配を実現したことこそが重要だとする見方も根強いのである。

甲賀郡中惣や伊賀惣国一揆に関しては、全国の城館研究をリードしてきたこともあわせて指摘しておきたい。一九七〇年代から本格的な城館研究が始まった。これを推進したのが、甲賀の城館を対象とした共同研究で、『滋賀県中世城郭分布調査二（甲賀の城）』（滋賀県教育委員会・滋賀総合研究所、1984年）として結実し、多くの若い城郭研究者が育った。

やがてこれは、『甲賀市史』第二巻（2012年）・『甲賀市史』第七巻（2010年）・『図解近畿の城郭』（戎光祥出版、2017年）などにつながったが、牽引者である村田修三氏（大阪大学名誉教授）や中井均氏（滋賀県立大学名誉教授）などによる全国的な城館研究のさきがけとなった。

このように、戦国時代研究の活性化に大いに貢献した地域的一揆であるが、これを畿内近国の地域社会からの「自治」「平和」形成の動きとみるのか、幕府や戦国大名を支える地域権力とみるのか、いまだに評価をめぐる大きなブレが克服されていない。

■傭兵化する忍者部隊

室町時代から戦国時代前半までは、自治村落すなわち惣村の時代といわれる。惣村は自治能力を高めて、他地域の土豪・地侍はもとより国人領主と軍事的に連携するケースもみられた。ところが、戦国時代後半になると、国人領主や土豪・地侍がリーダーとなって惣村を組織した結果、郡中惣や惣国一揆が台頭したため、惣村の自治はそれらの基盤を支えつつも、そのなかに埋没する傾向にあった。

これは、畿内近国の地域社会で鉄炮が浸透した時期と重なる。甲賀郡中惣や伊賀惣国一揆は、六角氏や北畠氏など周辺の大名権力を支えた。国人領主や土豪・地侍たちが、百姓の若者たちに鉄炮を持たせて足軽隊として組織し、管領《かんれい》細川氏やその家宰《かさい》三好氏をはじめとする諸大名の要請を受けて、傭兵として戦《いくさ》働きに明け暮れたのもこの時代だった。

甲賀や伊賀の忍者とは、土豪・地侍層に率いられた足軽衆のことである。火器の取り扱いに長じた彼らが集団で活躍する戦国時代後半において、畿内近国の地域社会は軍事へと大きく傾斜した。それを支えていたのは、銭を介した契約的な主従関係というもので、広く深く浸透していった。

たとえば、（永禄十二年）十一月十六日付「伊賀惣国一揆掟書」（全十一か条、神宮文庫所蔵「山中文書」）第五条では、足軽として惣国一揆に対して忠節を尽くした百姓には、恩賞として侍身分に取り立てると規定されている。このように、侍と足軽との身分差別は厳然としてあった。惣国一揆が奨励したのは、百姓の足軽すなわち傭兵としての軍功だった。

足軽部隊とは、志願した百姓が集団的に鉄炮隊などに編成されたものであって、攻城戦における彼らの働きはめざましかった。城攻めに際しては敵城に忍び込んで様々な情報を収集したり、鉄炮をはじめとする種々の火器を使用しながら塀や柵を破壊して戦端を開くのが、彼らに課された重要な役割だった。戦国時代の忍者の特徴は、江戸時代とは異なって集団で軍事行動を行なうことである。

たとえば、永禄四年閏三月十八日付内藤宗勝書状（「畠山義昭氏所蔵文書」）によると、内藤宗勝が「伊賀の城取り」が摂津国・丹波国・播磨国に活動に向かうので注意するようにと注意している。伊賀国には攻城戦を得意として諸国で活躍する傭兵集団が存在したことが裏づけられる。戦国最末期の伊賀国においては、惣国一揆が足軽層を徴発する体制が成立していたのであった。

以上からは、戦国時代末期の伊賀惣国一揆においては、足軽として諸国の戦場で活躍すること、すなわち傭兵として戦働きによって稼ぐ若者が少なくなかったことが判明する。したがって、天下統一を目指す大名の出現は断固阻止せねばならなかった。生活基盤が崩壊するからである。

■甲賀衆・伊賀衆の自治

ここで、信長の侵攻という危機に直面した伊賀惣国一揆が作成した総動員体制を、伊賀惣国一揆掟書の冒頭部分から紹介したい。この掟書は、地域的一揆が構築した自治体制をもっとも如実に語るものとして、これまでも広く注目されてきた。

第一条では、他国勢力が伊賀国に侵入した場合には、惣国一揆全構成員が一致団結して防戦せねばならない。敵対勢力を限定せず「他国」という表現をとっていることからも、当時の伊賀国は周辺諸国から攻撃を受ける可能性があったと推察される。

第二条では、国境の監視口から伝令があったら村々で鐘を鳴らし、急いで出陣するようにせよ。その際、兵粮《ひょうろう》と矢楯は各自持参し、「虎口《こぐち》」つまり敵勢の侵入口ではとにかく集中して陣を張ること。

第三条では、緊急時には十七歳から五十歳の成人男性が武装し、村々が決定した侍大将の下知のもと「虎口」に出陣すること、国中の僧侶は惣国の勝利のために祈禱《きとう》すること、ただし若い僧侶については参陣すること。

惣国一揆においては、他国勢力との合戦という緊急事態に際して、在国する老人・女性・子供以外のすべての住民が、何らかの役割をもって動員されるようになっていた。これは、惣村でもみられる緊急時における皆兵原則を基盤にしていると推測される。

伊賀惣国一揆と同盟関係にあった甲賀郡中惣は、北伊賀から甲賀郡へと反信長戦線の拠点を移そうとする六角氏の動向をにらんで、永禄十三年三月二十四日付の甲賀郡大原同名中《どうみょうちゅう》の掟書（「大原勝井文書」）を作成した。この大原同名中掟書は、甲賀武士の一族一揆である同名中（二十一家あったといわれる甲賀郡中惣の基礎単位）が、村落の武力を取り込んで構築した総力戦のありかたを示すものとして注目されてきた。

掟書は全三十二条にも及ぶが、軍事関係規定からはじまること、特に第三条に記されている、外部勢力との戦争時における「惣庄の百姓等、堂僧に至るまで」を対象とする総動員体制など、前出の四か月前に作成された伊賀惣国一揆掟書の冒頭部分ときわめて近似している。惣国一揆掟書の末尾に、近日甲賀衆と「野寄合」を開催することが記されていることから、その関係から内容的に近似したのかもしれない。

侵入勢力に対する地域的一揆の軍事対応は、きわめて強力だった。伊賀惣国一揆は、天正七年（1579）に伊勢国司北畠信雄《のぶかつ》（信長次男）の侵攻を受けるが、総動員体制を敷いて撃退しているからだ。しかし惣国一揆は天正九年に信長に敗退した。伊賀衆は、翌天正十年には信長三男の神戸《かんべ》信孝の四国攻撃軍に編成されており、関係史料には、「伊賀衆・甲賀衆七、八百・さいか《雑賀》衆千許」（神宮文庫所蔵「慈円院正以書状」）と記されている。

以上をまとめると、甲賀や伊賀の忍者たちは諸国で戦場働きを行なうことで、銭を稼いでいたと推測されよう。したがって、彼らの実現した高度な自治とは、安心して長期間他国に留まることを可能にするために、どうしても必要なシステムだったと理解されるのである。

従来は、惣村の自治の拡大過程として理解されてきたが、このような百姓たちの生活と密接に関係するものだったことに着目したい。

たとえば、甲賀郡にも能力の高い武将はいたが、山中氏の場合は摂津闕郡《かけぐん》守護代になる者が出たり、大原氏の一族のなかに織田家宿老となった滝川一益がいたり、和田氏からは摂津守護となった惟政《これまさ》が出たりしたが、いずれも郡内で所領を拡大したり、周りの領主や土豪・地侍を家臣化するのではなかった。これらの事例からは、稼いだり出世したりするのは郡外で、というのが地域的一揆の掟だったと理解される。

■膨大な城館群

甲賀や伊賀の土豪・地侍たちは、経済力が豊かだった。その証拠が、異常なほど多い城館数からも明らかである。たとえば、伊賀では一国規模で一辺が半町（約50m）から一町規模の方形城館が築かれたが、現時点で六五〇を超える城館が確認されている。甲賀郡中惣においても二〇〇を超える城館が確認されており、リーダーについては「甲賀二十一家」（後述する山中氏や和田氏が含まれる）といわれることから、一族で約十城も維持していた計算になる。

特徴的な構造をもつ方形城館跡では、とにかく高い土塁が目につく。外部から内部がのぞけないように、さらに土塁を囲繞《いじょう》する堀によって忍び込みにくいようにしたのであろう。城館とは、富を安全に蓄えるための蔵でもあった。これだけ多くの城館が普請されたということは、守るべき莫大な富があったからと理解されよう。

したがって、甲賀衆や伊賀衆にとって信長や秀吉による天下統一はあってはならないことだった。それは、戦国状況の継続が軍事によって立つ彼らの生活を支えたからにほかならない。従来、方形城館の林立は、共同して地域防衛にあたる工夫とみられることが多かった。しかし、実は城主たる土豪・地侍層相互の利害対立による緊張状況を示すものだったとみることもできよう。

戦国時代後半の動乱状況の深化こそ、鉄炮を操る畿内近国の土豪・地侍や百姓たちの広範な傭兵化を示すものだった。将軍家や管領細川家が分裂し、管領家の家宰三好氏や重臣松永氏の台頭と、混乱を極める畿内政治史を支えていたのは、戦乱の存続を生活の糧とする人々のエネルギーそのものだった。したがってそこには、天下統一への要求などないと言ってよかった。

しかし実際の外部勢力からの戦争に耐えられるのは、土豪・地侍層の小規模城館ではなく、丘や山を利用した複郭式の大規模城郭だった。伊賀国においても、特徴的な平地に営まれた単郭式方形城館では、天下人を相手にした大規模戦争には十分対応できなかった。防衛拠点たる要所には、複郭式の大規模城郭が普請されている。これらは、共同で地域防衛を行なうために築城された城郭と推測される。

藩政時代の著作ではあるが、宝暦十三年（1763）に完成した『三国地誌』によると、伊賀国内の城館については城・塁・宅と明確に区別して表現されている。「城」は敵の攻撃を防ぐために大規模な土塁・堀などの施設を備えており、「塁」はそれに準じる砦で、「宅」は土豪クラスの単郭式方形城館をさす。

編者の上野城代藤堂元甫《とうどうげんぽ》（1683～1762年）も、これらの差違については意識していたのである。次表では、天正九年の信長の伊賀侵攻に関わる史料から、大規模城郭のデータをまとめた。

「天正伊賀の乱」関係大規模城郭（伊は『伊乱記』、三は『三国地誌』）

城郭名	構造	場所	出典	備考
増地氏城	複郭、丘城	伊賀市島ヶ原町	伊	
田矢伊予守城	複郭、丘城	伊賀市阿山町	伊	三曲輪を中心に出丸も存在
柏野城	複郭、丘城	伊賀市伊賀町	伊	
壬生野城	複郭、丘城	伊賀市伊賀町	伊・三	『信長公記』に「壬生野の城」
春日山城	複郭、山城	伊賀市伊賀町	伊	壬生野城・丸山城に近接
比自山城	複郭、山城	伊賀市長田町	伊・三	北伊賀最後の拠点
本田氏城	複郭、丘城	伊賀市青山町	伊	
柏原城	複郭、平城	名張市赤目町	伊・三	別名滝野十郎城、関係城郭近接

先述したように、現時点で少なくとも六五〇を超える城館の存在が確認されているが、三種類の城館の組み合わせで伊賀惣国一揆の自治が維持されていたと考えられよう。

■天下人との対決

地域的一揆の軍隊は、足軽衆による精鋭の鉄炮隊を中心に編成された。ここで、鉄炮衆として知られる紀伊国の根来衆《ねごろしゅう》については、関ヶ原の戦いに参陣した根来岩室坊勢意《いわむろぼうせいい》が、戦争直前に大坂城の毛利輝元に提出した慶長五年（１６００）九月八日付の軍勢注文（『萩藩閥閲録』）があるので、それを表にしたものを掲げよう。

根来衆岩室坊の軍事編成

兵種	騎馬	幟指	弓	鉄炮	鑓	馬乗小者	歩行小姓	合計
数量	50騎	35人	50張	５００挺	50本	５００人	50人	１３３５人

本史料を分析した藤井讓治氏によると、「騎馬五〇騎は幕府軍役表では四万石の四十五騎に、鉄炮五〇〇挺は十三万石に、弓五十張は七万石あるいは八万石に、鑓五十本は十万石に、動員人数の点では九万石に対応している」と指摘されている。

それをふまえて、「岩室坊の軍事編成の特質は、幕府軍役と比較する限りにおいて、鉄炮すなわち火器を中心とした軍事編成」にあったと評価し、あわせて彼らが傭兵として諸国の戦陣に加わったことを指摘される。

このような強力な火力については、伊賀衆や甲賀衆の軍隊においても同様だった。後の江戸時代において、幕府が編成した忍者集団である伊賀組・甲賀組・根来組がいずれも鉄炮衆だったことが示唆的である。根来寺(和歌山県岩出市)に鉄炮鍛冶《かじ》がいたことは知られているが、近江国においては国友《くにとも》村や日野町(滋賀県日野町)における鉄炮鍛冶が有名である。伊賀衆や甲賀衆は、近隣の鉄炮鍛冶から鉄炮を調達したのだろう。

先述したように、傭兵化に伴う伊賀衆・甲賀衆たち相互の緊張関係が、実は高度な自治システムを構築した原因だった。安心して故郷を離れて戦働《いくさ》きするためには、あらゆるレベルの紛争を解決するためのシステムの確立が不可欠だった。甲賀郡中惣においては、基礎単位である同名中、同名中連合、郡中惣といった各レベルにおいて紛争解決システムが整備されていたことが、かつて宮島敬一氏(佐賀大学名誉教授)によって指摘されている。

平和を維持するために、土豪・地侍層は時に戦国大名や国人領主の力を借りつつ、自治システムを構築したのである。従来の大名対惣村あるいは武士対百姓といった対立構造は、実はきわめて硬直した発想であって、現実とはかけ離れていることに気づくべきである。

戦争と平和についても、私たちはとかく二項対立的にとらえがちだ。伊賀惣国一揆や甲賀郡中惣をみると、そこで発展した諸国における戦働きを支える自治による平和と、信長や秀吉の強大な軍事力にもとづく天下統一による平和とは、どうしても両立しないことに気づく。

地域的一揆にみられる高度な地方自治すなわち平和システムは、構成員が戦争を生業とすることで成り立っていた。当然、天下人にとっては、無節操に戦働きする伊賀衆や甲賀衆のような存在は否定せざるをえなかったのである。

■「天正伊賀の乱」

天正七年九月、北畠信雄は伊賀攻略のために名張口と馬野口から軍隊を進めた。伊賀惣国一揆側は、掟書通りの防戦体制を敷いたようで、ゲリラ戦が奏功し、信雄の重臣柘植《つげ》三郎左衛門尉を討ち取るなどの大勝利を得た。

当時の織田政権は、一向一揆のように正面きって対立しない限り、積極的に一揆を討滅しようとすることはなかったし、そのような余裕もなかった。まだこの段階では、必要に応じて一揆を攻撃したり利用したりしていた。

信長は、丹波国・丹後国・播磨国で交戦中であって、しかも背後には大坂本願寺や毛利氏さらには将軍足利義昭が控えていたことから、敗退した信雄に宛てた意見状（『信長公記』）には、度重なる遠征忌避のために、伊勢の国侍が近隣の伊賀国への攻撃を要請したことを見抜けなかった浅慮を糾弾し、勝手な軍事行動を慎むように厳命している。

このような状況を脱して織田政権の一揆鎮圧政策が明確化した画期は、天正八年閏三月の大坂本願寺との勅命講和だった。天正九年九月、信長は伊賀惣国一揆討滅のための軍事行動を開始する。これが「天正伊賀の乱」(信長の侵攻を正当化する呼称なので、変更する必要がある)とよばれる殺戮《さつりく》戦であるが、伊賀国へのすべての侵入口から軍隊が突入し、徹底的な焦土作戦がとられたといわれる。ここで信長の軍隊の攻め口を『信長公記』から表化して掲げたい。

「天正伊賀の乱」における織田軍の攻め口

攻め口	動員部将名
甲賀口	甲賀衆、滝川一益、蒲生氏郷、丹羽長秀、京極高次、多賀常則、山崎秀家、阿閉貞征、同貞大、北畠信雄
信楽口	堀秀政、永田景広、進藤賢盛、池田景雄、山岡景宗、青地元珍、山岡景佐、不破直光、丸岡民部少輔、青木玄蕃允、多羅尾光太
加太口	滝川雄利、伊勢衆、織田信包
大和口	筒井順慶、大和衆

総大将の信雄が甲賀口に配置されたことから、ここが中心的な攻め口だったことがわかる。信楽《しがらき》口について、『多聞院《たもんいん》日記』は甲賀口と誤記しているが、堀秀政が大将として配属されている。これら二部隊がメインで、伊勢からの加太《かぶと》口は、信雄の家老滝川雄利《かつとし》と叔父信包《のぶかね》（信長弟、安濃津《あのつ》城主）、大和からの大和口は筒井順慶という配置だった。

織田軍の激しい侵攻について、現在も多くの悲劇的な伝承が語られている。たとえば『蓮成院記録』天正九年九月十八日条に「俗在家を云わず頚数に討ち出る間、日々五百、三百首を刎ねられ」と記されるように、百姓の大量虐殺は行なわれたようである。

しかし、たとえば筒井氏の生温《ぬる》い攻撃ぶりに対して信長が警告しているように、また『多聞院日記』天正九年九月十七日条に「伊賀一円の処分は完了した、合戦もなく、仲裁によって伊賀衆は諸城を渡して城割を行なったということである」と記されていることからも、侍衆への処分は概して不徹底だったように思われる。

確かに信長は、晩年に伊賀惣国一揆や紀州惣国一揆（雑賀衆や根来衆に幕府奉公衆湯川氏や熊野三山などを加えた反信長を掲げる紀伊国の地域的一揆）などの地域的一揆を弾圧した。しかしその対象は、おもに足軽兵として一揆に徴発された百姓たちなのであった。

これに対して降伏・臣従した国人領主や土豪・地侍たちについては、たとえば甲賀衆を在村させたまま組織したように、根本的な再編成を行なうことができなかった。最近の城館調査の報告によると、伊賀地域では明らかに織田・豊臣の技術の入った城館が少なくないという。

信長が否定しようとしたのは、村落ごとに組織された足軽部隊ではなかろうか。畿内近国において徳政一揆以来の実績をもつ彼らの軍事行動こそ、戦国の動乱を長期化させた原動力でもあったからである。しかしそのリーダーたる土豪・地侍たちの否定をなしえなかったことに、信長の限界を認めざるをえない。

論功行賞の結果、信雄が織田信包に与えられた山田郡を除く伊賀三郡を得た。このようにして、伊賀惣国一揆の歴史は終焉を迎えたのであった。なお信長が攻撃した範囲が惣国一揆の勢力範囲だったとすると、それは最終的に伊賀一国を超えて近江国甲賀下郡（西半郡）・大和国添上郡・南山城といった周辺諸地域にまで影響を及ぼしていたことになる。

■伊賀越えルートの伝承

天正十年六月二日未明に本能寺の変が発生し、明智光秀によって信長・信忠父子は非業の最期を遂げた。信雄は、蒲生賢秀《がもうかたひで》の要請を受けて近江国土山まで出陣するが、既に山崎の戦いが決着していたことや、領内で発生した一揆の鎮圧に精一杯で、結局伊勢国松ケ島城（三重県松阪市）へと帰還せざるをえなかった。

伊賀国で蜂起した一揆は、織田方勢力の排除をめざすものであった。『勢州軍記』によると、前年の「天正伊賀の乱」の遺恨を晴らすべく北伊賀に向かい、福地城（伊賀市）を攻撃して福地氏を追い出し、さらに柘植城（伊賀市）の池尻氏や平楽寺城（伊賀市）の仁木《にっき》氏を攻撃したと記されている。なお仁木氏とは、守護仁木長政の弟友梅《ゆうばい》であった。信長は、仁木氏を登用して伊賀支配を円滑化しようとしたのであろう。

当時、堺に投宿していた家康が恐れていたのは、まさにこのような一揆による襲撃であった。信長麾下の最有力大名であった家康は、当然標的になる可能性があった。したがって彼ら一行は、可能な限り北伊賀を通らず、信雄の勢力下にあった伊勢に抜け、海路で三河をめざしたと考えられる。まさに紀伊半島の横断を試みたのであるが、最難関は伊賀の横断だったといえよう。

北伊賀の福地氏は、信長に伊賀攻撃を進言した国衆であった。現在、福地城跡（三重県史跡）には詰城の主郭虎口に石垣遺構が残り、発掘によって瓦や建物礎石と十六世紀の年代観をもつ遺物が検出されている。信長に臣従した福地氏が、早速織豊系城郭として改修したことによるものであろう。

近年、「神君伊賀越え」のルートについては拙稿「『神君伊賀越え』再考」や渡辺俊経氏の『甲賀忍者の事実』によって、従来のような伊賀越えではなく、安全な甲賀越えルートが選択されたのではないかとする問題提起がなされている。ここで、家康一行の「伊賀越え」に関する三ルートを示しておきたい。

「神君伊賀越え」推定ルート

番号	通過ルート	伊賀国内の距離
①	信楽小川城↓伊賀国境↓丸柱↓柘植↓伊勢国境↓伊勢関↓長太	約20km
②	信楽小川城↓多羅尾↓伊賀国境↓丸柱↓以下①と同じ	約25km
③	信楽小川城↓油日↓伊賀国境↓柘植↓伊勢国境↓伊勢関↓長太	約3km

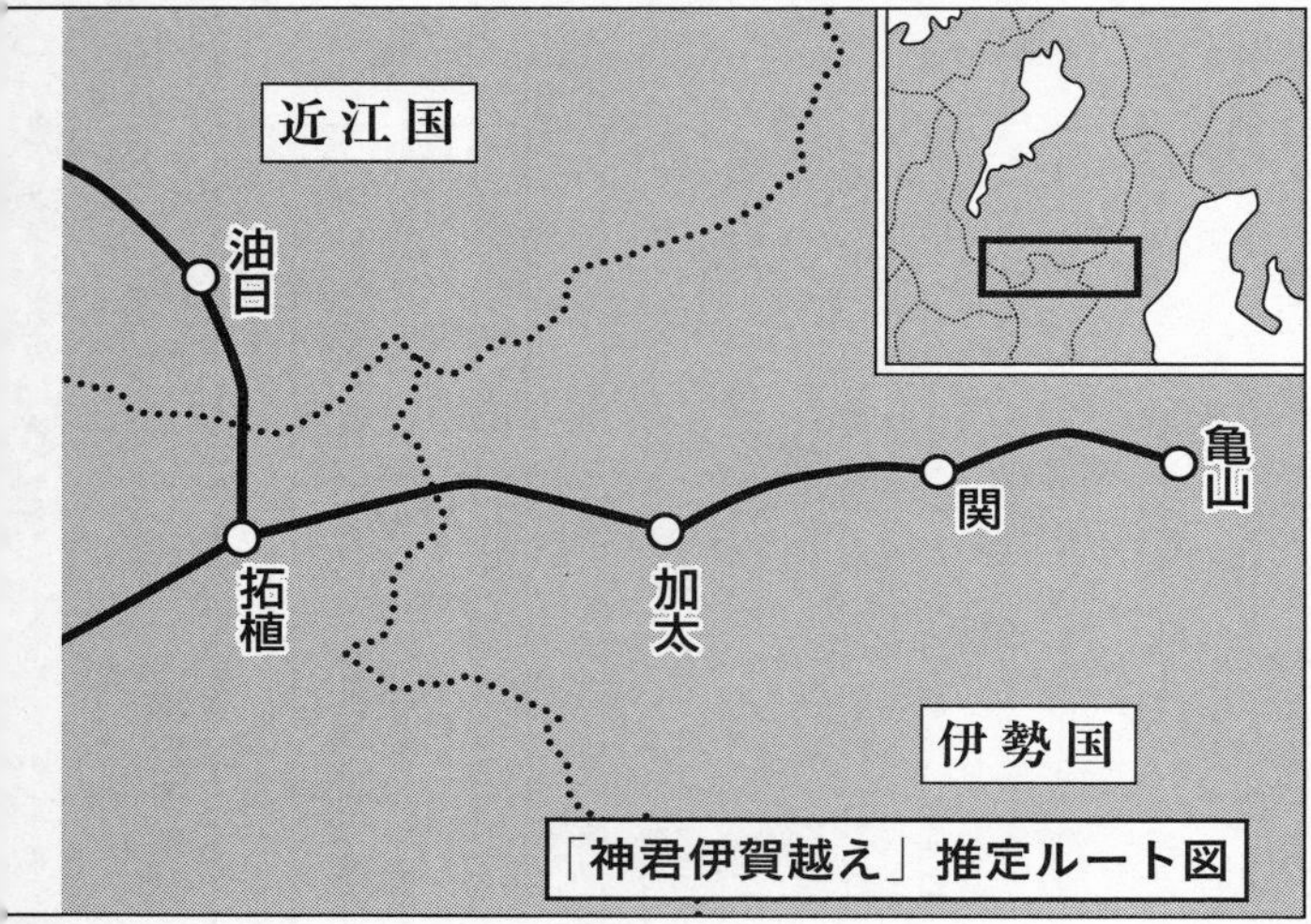

「神君伊賀越え」推定ルート図

この逃避行は、天正十年六月二日早朝に宿泊地・和泉《いずみ》堺（大阪府堺市）を出立した家康一行が、本能寺の変の混乱を避けて、同月五日に居城三河岡崎城に帰還したものである。その経路の詳細については諸説があり、これまでは「石川忠総《ただふさ》留書」の内容に拠ってきた。

著者である石川忠総は、大久保忠隣《ただちか》の子息で石川康通の養子となった人物である。家康の伊賀越えに関する記事については、一族・近親に随行した石川数正・石川康通・大久保忠隣・大久保忠佐《ただすけ》がおり、これらの人々から情報を得ていた可能性があることから、信頼性の高い史料とみられてきた。「伊賀越え」に関連するのは、六月四日の

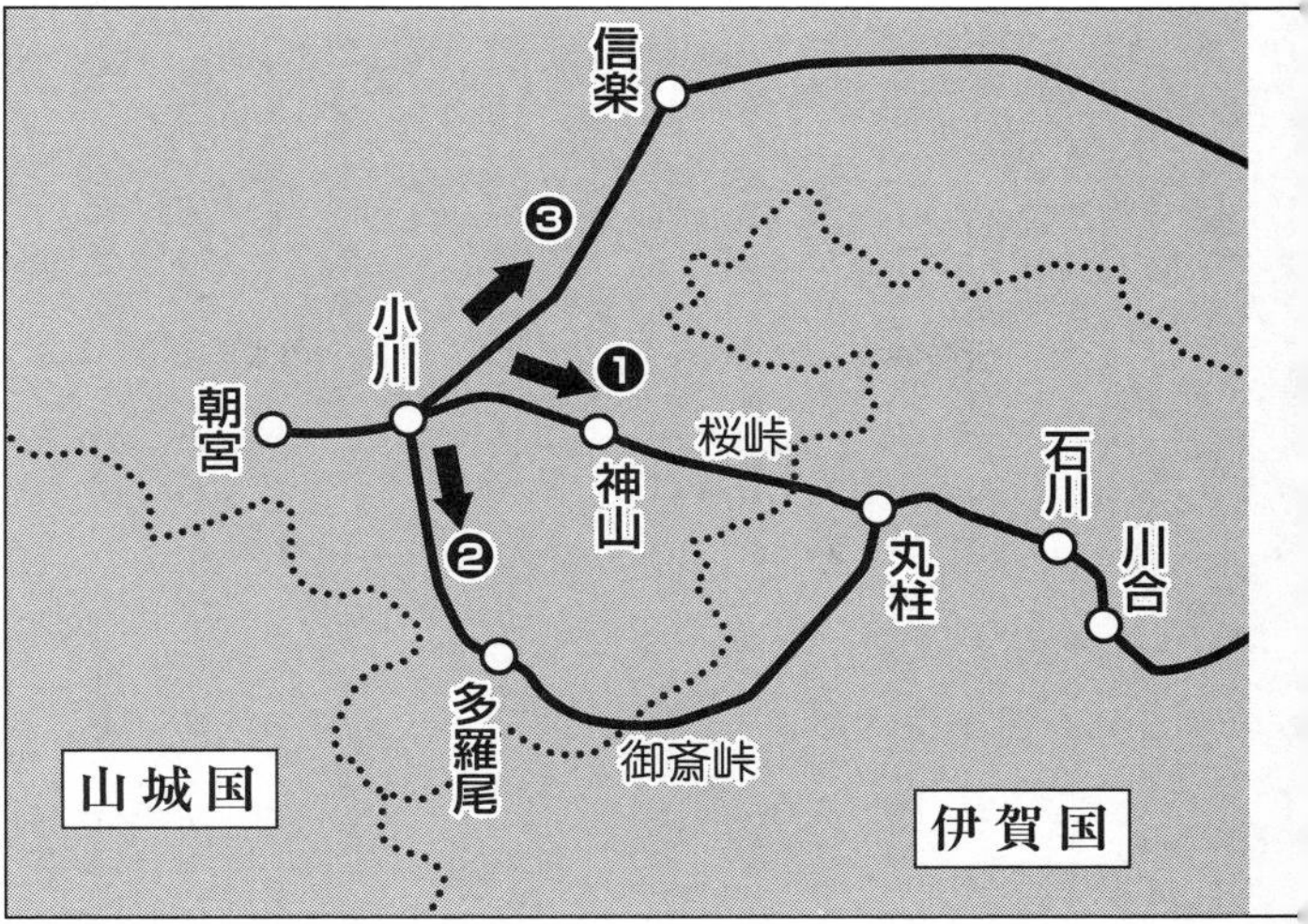

行程である。同書の記載によると、信楽小川城（甲賀市）から神山《こうやま》へと向かい、伊賀国境の桜峠を越えて丸柱、石川、河合、柘植（以上、伊賀市）を経由し、加太越えで伊勢国境に至る約二十kmである（ルート①）。これが、伊賀越えの通説的なルート（桜峠越え）だった。

なお、通説と並んでこれまで語られてきたルートとしては、『徳川実紀』の採用する御斎越《おとぎごえ》である。すなわち小川城から多羅尾方面に向かい、御斎峠を越えて丸柱に至るものである（ルート②）。

ここには、家康の休息したといわれる多羅尾砦があるが、距離的には遠回りになるうえに、当時光秀に呼応して伊賀盆地では一揆が発生していたから、それにわざわざ近づくようなルートを選択した可能性は低いであろう。伝承では、このルートを家康一行に見立てた石仏（甲賀市浄顕寺に残る十王石仏）を載せた駕籠《かご》が走ったといわれる。わざわざダミーを用意したとするのである。

これに対して、拙論では小川城から水口《みなくち》宿（滋賀県甲賀市）方面に向かい、途中から右折し油日越えで柘植に至るルート案を提示している（ルート③）。その根拠については、後述する同時代史料（「山中文書」「和田家文書」）と、江戸幕府が編纂した大名・旗本の由緒書に収録された甲賀出身の旗本に関する記事や、二次的な編纂物「戸田本三河記」などによって得られた結論である。

この三ルートのいずれにせよ、六月四日の行程の基点は信楽小川城であり、柘植を通過して加太越えで伊勢国関に至るコースであることは間違いない。なお柘植の徳永寺（伊賀市）には、家康が立ち寄ったとする伝承がある。

寺伝によると、供応を受けた家康が墨付を与えたという。その由緒により、歴代藤堂藩主からは二石・茶二貫三百目と寺周辺の土地が寄進され、葵（立葵）の紋の使用が許されるようになったという。同寺にはその寄進状が、元和元年（1615）から文政十年（1827）までの十通（伊賀市指定文化財）が伝来している。

■家康人生最大の艱難か？

天正十年六月四日早朝に信楽の小川城（甲賀市）の家康のもとに来ていたとみられるのが、甲賀衆のリーダー格山中氏である。その家伝史料「山中文書」（神宮文庫所蔵）には、同日付で家康が安土城の留守居である蒲生賢秀・氏郷父子に宛てて、信長の一族を庇護していることの労をねぎらうとともに、光秀討伐を表明した書状の写しがある。

本書状には、据えられていたはずの家康の花押（サイン）はないが、内容的に問題がないことから、家康から蒲生父子宛書状の伝達を託された際に、山中氏が念のためにとっておいた控えとみてよいだろう。

このほかには、「和田家文書」（京都市歴史資料館所蔵）に含まれる甲賀郡の和田八郎に宛てたものがある。これは、家康が三河岡崎城（愛知県岡崎市）に帰還して後に、世話になった礼として発給した六月十二日付の起請文（神に対する宣誓書）である。

和田氏は、甲賀郡の自領近辺を通過中の家康一行の案内役を務めたのであるが、家康は用心のために人質を取っていた。このように、家康は逃避ルート沿いの領主から人質を取りながら三河に向かって疾駆していたであろうから、この種の起請文は相当数作成されたに違いない。

今のところ残存する一次史料は、意外にも以上二点のみである。これに加えて江戸幕府が大名・旗本らに提出させた由緒書の集成である『寛政重修諸家譜』からは、甲賀郡の美濃部氏や隠岐氏に関係記事がみられるのみである。一般には服部半蔵正成の活躍は有名であるが、服部氏は彼の父保長の代に三河に移住していたのであり、それを除けば伊賀衆の「伊賀越え」に関する記事はみあたらないのである。

これらの関係史料からは、山中氏や和田氏らの勢力圏すなわち小川城から山中氏をはじめ美濃部氏や隠岐氏の勢力圏でもある甲賀郡の水口宿方面に向かい、途中から右折し和田氏の領地を抜ける油日越えで柘植に至るルートが想定できる。光秀方の一揆の発生していた伊賀盆地を迂回して、甲賀衆の庇護のもと甲賀路を駆け抜けたとみるのが、神君「甲賀」越え説の根拠である。

既に述べたように、①がもっとも短距離で東進していることから通説とされてきた。②は迂回して伊賀盆地に接近していることから可能性は低い。③も安全性という点において否定はできない、という結論に達する。

以上のように理解すると、伊賀越えルートは最長でも約二十五㎞で和泉堺から三河岡崎までの全行程の約六分の一、最短の場合は約三㎞で五十分の一となってしまう。どのルートにしても家康一行は、伊賀路を半日以内の行程で、難なく通過したことから、従来のような「家康人生最大の艱難《かんなん》」といわれるほど困難が伴った逃避行だったとは考えられないのではあるまいか。

■伊賀越え由緒の創造

「神君伊賀越え」の伊賀路については、如上の三ルートを想定した。筆者は、通説のように信楽の小川城から桜峠越えで柘植まで向かったことを疑問視しており、現段階では甲賀越えのほうが合理的理解だと考えている。なんといっても、先述した甲賀の有力武士に関係する「山中文書」と「和田文書」が伝存するからである。また別の理由があるので、ご紹介しよう。

それは、徳川家康の甲賀者に対する待遇が伊賀者と比較して良好だからである。甲賀者は天正十三年に豊臣秀吉の命令で一斉に牢人してしまうが、その多くが家康に仕官を求めた。彼らのなかには、既に登場した小川城主の多羅尾氏や山中氏・和田氏・美濃部氏・隠岐氏をはじめ、青木氏・三雲氏・黒川氏・武島氏・伴氏などの旗本・御家人に取り立てられた者が少なくない。

既に指摘しているように、甲賀者の家には「伊賀越え」関係史料が伝来していた。また彼らへの処遇のよさから推測すると、信長時代から家康と関係を持っていた国人領主や土豪・地侍も少なくなかったと判断される。

たとえば、永禄五年（1562）に家康が今川義元の重臣鵜殿長持《うどのながもち》を攻めた時に、甲賀衆が協力したとする伝承は事実であったことが、「大原勝井文書」から明らかにされている。また信長が、六角氏を庇護する甲賀衆を攻撃しようとした時、それを思いとどまらせたのは家康の口添えだったといわれている。したがって本能寺の変の直後の家康にとって、入魂《じっこん》な関係にある甲賀衆に先導されたほうが安心だったと考えられる。

これに対して伊賀衆は、家康との関係が希薄だった。管見の限りでは、本能寺の変以前から関係を持っていたと主張しているのは、先述した服部氏と柘植氏ぐらいである。服部半蔵家が慶長十八年（1613）に発生した大久保長安《ながやす》事件（※）に連座して断絶した後に、伊賀関係者が半蔵に率いられた先祖たちが「伊賀越え」で家康に貢献したとする物語を創作したのではないかと、筆者は推測している。

江戸幕府が大名・旗本から提出させた由緒書を編纂した『寛永諸家系図伝』の段階では、供奉《ぐぶ》した者の記載に「伊賀越え」は強調されていない。したがって同書が成立した寛永年間

※旧武田遺臣で家康に重用された大久保長安が、その死後に不正蓄財などが露見して関係者が処断された事件。

（1624〜44年）には、まだ「神君伊賀越え」の物語は創作されていなかったと考える。

「神君伊賀越え」が記されている初期史料と思われるのが、享保十一年（1726）に成立した「伊賀者由緒書」をはじめとする伊賀衆の由緒書類である。これらには、「伊賀越え」の際に尽力した二〇〇人の伊賀者の名前が記され、半蔵を通じて褒美が与えられたこと、やがて彼らが伊賀同心として編成されたことを記している。

既に紹介した「伊賀越え」関係史料を確認すると、半蔵が登場するのは意外にも『譜牒《ふちょう》余録《よろく》』（寛政十一年成立）と『徳川実紀』（天保十四年完成）ぐらいである。『譜牒余録』では、巻二十九の本多中務大輔（忠勝）の項に一か所あるのに対して、『徳川実紀』では、巻三と巻四において「神君伊賀越え」が詳述されている。

巻三では、服部半蔵は登場しないが、天正十年六月五日から六日までを「伊賀越え」とし、六月七日になってようやく岡崎に到着したことを記し、「これを伊賀越とて、御生涯御難の第一とす」で結んでいる。巻四では、伊賀越えの最後の部分に伊賀者の由緒がまとめられている。両巻ともに、いかにもフィクションという内容である。

天下泰平になった江戸時代中期、仕事のなくなった伊賀者は困窮した。諸藩に仕官した彼らも、リストラの対象となって人数や俸禄を大幅に削減されたのである。このような状況のもと、「神君伊賀越え」という由緒の創造は、伊賀同心たちにとって重要であったばかりではなく、国許に残った伊賀者たちにとっても、仕官のチャンスを広げるために好都合だったのではなかろうか。

家康の逃避行を直接・間接に知る世代がいなくなった時期に、このような伊賀者の要望を受けて創作されたのが「神君伊賀越え」だったのではないか。これは、延宝四年（1676）に甲賀者の有力者であった藤林保義《ふじばやしやすよし》が、忍術秘伝書『万川集海《ばんせんしゅうかい》』を著したことにも相通じるであろう。

■中世忍者の終焉

最後に、中世の忍者衆の終焉について語りたい。

秀吉は、畿内近国を統一した天正十三年（1585）に、伊賀衆や甲賀衆を一斉に追放して、伊賀には上野（伊賀市）に筒井定次《つついさだつぐ》、甲賀には水口に中村一氏《かずうじ》を配置するが、いずれも側近大名だった。ここに伊賀・甲賀の中世自治システムは破壊され、天下統一戦という巨大な戦争の渦に巻き込まれることになった。

天正十三年閏八月伊賀・甲賀国替一覧

国名	居城	大名	国替	関係	備考（単位万石）
伊賀	上野	筒井定次	○	服属	羽柴秀長与力、大和郡山より国替
近江	八幡	羽柴秀次	○	一門	(43)、秀吉養子
近江	水口	中村一氏	○	直臣	秀次年寄、信楽の多羅尾光俊ら甲賀衆を改易

秀吉による甲賀郡中惣の解体については、表向きには、紀伊太田城（和歌山市）水攻めの際に担当した堤防が決壊したことを理由とし、二十人ばかりの甲賀衆が牢人となって所領没収のうえ追放された（「山中文書」）。地元ではこれを「甲賀ゆれ」「甲賀崩れ」「甲賀破儀」などと呼んでいる。

秀吉は天正十三年閏八月の北国国分《くにわけ》直後に全領規模で国替を強制した。この国替によって筒井氏および中村氏の家臣団と入国先の伊賀衆・甲賀衆に対して士農分離を迫った。たとえば、筒井氏の場合に注目しよう。

天正十三年閏八月、秀吉は伊賀国を大和国主だった筒井順慶に預けた。国替は、同月十八日に近江坂本城で秀吉から申し渡され、同月二十四日に全家臣団を率いて行なわれた。伊賀国においては、筒井氏の入国にあたり、秀吉によって伊賀衆は「牢人」になるか「百姓並」となるかの選択を迫られた。

伊賀衆で「牢人」を選んだ者たちは、一斉に国外に追放され仕官運動を開始することになった。「侍払」とよばれた豊臣政権の士農分離政策は、天正十三年を画期として強硬に進められたのである。伊賀衆や甲賀衆としての集団的な軍事力が認められなくなって以降、個人のもつ諜報能力が評価される時代になった。甲賀衆は、旧知の松平信綱に頼み込んで島原・天草一揆（寛永14〜15年）に従軍するが、十名の参陣が許されたのみで、集団的な参戦は認められなかった。慶長年間以降、大砲や鉄炮を中心とする大規模戦争の時代になると、伊賀衆や甲賀衆にとって得意のゲリラ戦では対応できなくなってしまった。期待されたのは、個人的な諜報能力だった。信綱は、忍者たちに対して陣所から原城までの距離、沼の深さ、塀の高さ、矢狭間《やざま》の実態などのデータを調べさせたのである。

彼らは、夜陰に紛れて原城に忍び込んで依頼されたデータを収集したり、兵粮を奪取するなど活躍したものの、追い詰められて半死半生で逃げ出したこともあった（「山中文書」）。結局、彼らはさしたる軍功をあげることなく、戦後に仕官することはかなわなかった。忍者として個人的能力の高い者のみが、選抜されて幕府や諸藩に取り立てられる時代になったのである。

三　本能寺の変の人脈―林原美術館訪問記―

■政変への道

今回の旅の行き先は、岡山城（岡山市）至近の美術館、そう、林原美術館である。ここは、二〇一四年六月の記者発表で全国的に注目された「石谷家文書《いしがいけもんじょ》」（全三巻、四十七点）の所蔵館だ。これによって、本能寺の変「四国説」の根拠となる史料が、広く知られるようになったのである。

旅の楽しみは、貴重な古文書の閲覧と、「世紀の発見」に関わられたお一人・内池英樹さん（岡山県教育庁）からお話をうかがうことにある。なお、記者発表からわずか一年後の二〇一五年六月に、内池さんと浅利尚民さん（現、就実大学准教授）が編者になり、吉川弘文館から『石谷家文書―将軍側近のみた戦国乱世』を上梓された。

本書においては、「石谷家文書」についての概要、購入・発見・発表の経緯や文書の現状や石谷氏についての説明、さらには注目される古文書についての解説がなされ、続く史料編にて、三巻からなる文書を一巻から順次、上段に写真、下段に釈文が付され、最後に参考文献・関連地図・文書データの一覧が収められている。まさに、至れり尽くせりの史料集なのである。

あらかじめ美術館からは、閲覧希望史料をリストアップするようにとのお話をいただいていたことから、本書をもとに天正十年（１５８２）六月の本能寺の変関係を中心に史料を厳選しておお願いしておいた。

当日の「石谷家文書」の閲覧は、林原美術館学芸員の方が午前・午後お一人ずつ（槌田祐枝さんと植野哲也さん）担当していただいた。閲覧を希望した史料一点一点を巻子《かんす》（まきもの）を開いて出していただき、内池さんからの解説をお聞きするという、またとない贅沢な調査となった。

まず、史料の現状についての説明があった。三巻がひとつの桐箱に納められていたこと、各史料が江戸時代に裏打ちされており、そのうえに軸装されて（明治時代にされたか）、現状の巻物になっていることから、台紙と原史料との間に裏打ち紙が確認できることをご教示いただいた。

装丁については、実際に巻子を観察しないとわからない重要なご指摘である。内池さんからは、将来機会があれば、巻子を分解して史料の一点一点を裏書きも確認しながら調査する必要があること、その際にあらためて装丁をし直して、今後さらに良好なかたちで保存できるようにしたいとの希望が述べられた。

さて、以下においては閲覧させていただいた史料を適宜取り上げて、光秀がいかにして義昭を奉じたのかについて、あわせて広く関係史料を参考にしながら、その過程について論じたい。なお、閲覧した史料についてはわかりやすく注記する。

■新発見の光秀密書

ここに、本能寺の変の背景を明智光秀自身が語っている書状がある。(天正十年)六月十二日付土橋重治宛光秀書状である。これまでは、東京大学史料編纂所架蔵影写本「森家文書」所収の写しが知られていたが、二〇一七年に正文(実物)が岐阜県にある美濃加茂市民ミュージアムの収蔵品となった。その折、筆者は縁あって記者発表に関与した。それでは、本文の現代語訳を掲げよう(追伸にあたる尚々書きについては後述する)。

（本文）　仰せのように今まで音信がありませんでしたが（初信であることの慣用表現）、上意（将軍）への奔走を命じられたことをお示しいただき、ありがたく存じます。しかしながら（将軍の）ご入洛の件につきましては既に承諾しています。そのようにご理解されて、ご奔走されることが肝要です。

一、雑賀衆が当方に味方されることについては、ありがたく存じます。ますますそのように心得られて、相談するべきこと。

一、高野衆・根来衆・雑賀衆が相談され、和泉・河内（ともに大阪府）方面まで出陣されることはもっともなことです。恩賞については当家の家老とそちらが話し合い、後々まで互いに良好な関係が続くように、相談するべきこと。

一、近江（滋賀県）・美濃（岐阜県南部）までことごとく平定することを命じ、それがかないました。ご心配されることはありません。なお使者が口上で申すでしょう。

（天正十年）六月十二日　光秀（花押）

雑賀五郷

土橋平尉（重治）殿

御返報

本史料の法量は、縦十一・五cm・横五十六・七cmと小振りで継ぎ目のない横長の密書といってよい形態である。筆跡はしっかりとした達筆で、料紙の伝存状態もきわめて良好である。本文中の筆致と光秀の署判に違いが認められないことから、筆者は光秀自筆書状の可能性が高いと判断している。

（天正十年）六月十二日付光秀書状は、内容はもとより、筆致・料紙からも気になるような問題がなく、本能寺の変直後に光秀の意思を伝えた密書（機密文書）として臨場感あふれる第一級の史料と評価されるものである（以下においては、適宜「本史料」「密書」と記す）。

本史料は、既に天正十年六月二日未明に発生した本能寺の変の関係史料であることが判明している。光秀が反信長派雑賀衆《さいかしゅう》のリーダーである土橋重治と接する可能性は、本能寺の変より後でしかない。また京都を離れており、文中でその「上意」や「御入洛」が平出《へいしゅつ》や闕字《けつじ》で敬われる人物は将軍クラスの貴人であり、信長亡きこの時期においては将軍足利義昭のほかに存在しない。

宛所の土橋氏は、紀伊雑賀（和歌山市）の土豪である。変の直後に亡命先から雑賀に帰還した重治は、鈴木重秀（雑賀孫市《さいがまごいち》で知られる）らの信長方勢力を一掃した。本願寺顕如《けんにょ》の右筆《ゆうひつ》の記録「宇野主水《もんど》日記」には、六月三日夜に重秀が雑賀から脱出し岸和田城に入城したこと、四日には重治によって重秀方勢力の掃討が行なわれたこと、その頃に長宗我部元親《ちょうそかべもとちか》から書状が鷺森《さぎのもり》本願寺にもたらされたことが記されており興味深い。

それでは、密書の具体的な内容をみてみよう。まず確認しておきたいのは、脇付に「御返報」とあることから、本史料が土橋重治書状への光秀の返書だったことである。日付と本書状の内容から推して、雑賀に復帰した重治が光秀に宛てて与同と援軍の派遣を申し出たことがわかる。

冒頭で互いにはじめて接触することを確認した後、重治から将軍に与同するようにとの申し出があったが、既に応じていることを伝えたのである。重要なのは、あらかじめ義昭サイドから上洛を援助するようにと働きかけがあったことだ。遅くとも本史料を認《したた》めた天正十年六月十二日までに、光秀が旧主義昭（元亀二年まで仕える）を推戴していたことになる。

第一条では、当時「国」とよばれた雑賀衆と連携することを了承している。

第二条からは、本能寺の変の直後に土橋重治が光秀に高野山や根来寺《ねごろじ》とともに和泉・河内方面へ援軍を派遣することを申し出たことがうかがわれる。光秀は、それを了承したのである。この援軍に関しては、（天正十年）六月十五日付粟屋元種宛小早川隆景書状写しからは、「紀伊国衆雑賀・根来・高野悉《ことごと》く申し合わせ、境目へ打出るの由候」（「三原浅野家文書」）と、毛利氏のもとにも情報が入ったことが確認できる。

第三条では、光秀が近江さらには美濃を押さえたので心配ないことを伝えている。

本史料からは、重治が当時、備後国鞆《とも》の浦《うら》（広島県福山市）に亡命していた義昭の指示によって行動していること、光秀も既に上洛戦への協力を約束していたことが判明する。義昭の指令を受けて行動していた重治は、光秀と面識がなかったため「味方」であることを申し出たのである。重治の雑賀復帰と統一そして光秀への接近は、義昭の指示によるものと推測することができる。

それでは、光秀はいつの時点で義昭からのアプローチを受けたのだろうか。その謎解きのために、今回、林原美術館にお邪魔したのである。それでは、興味深い閲覧のはじまりである。

■キーパーソン登場

閲覧文書のトップバッターは、一巻目の巻頭の古文書・（天正十一年）二月二十日付石谷光政・頼辰《よりとき》父子宛近衛前久《このえさきひさ》書状〔『石谷家文書』1号文書、以下、『石』—1のように略記する〕で

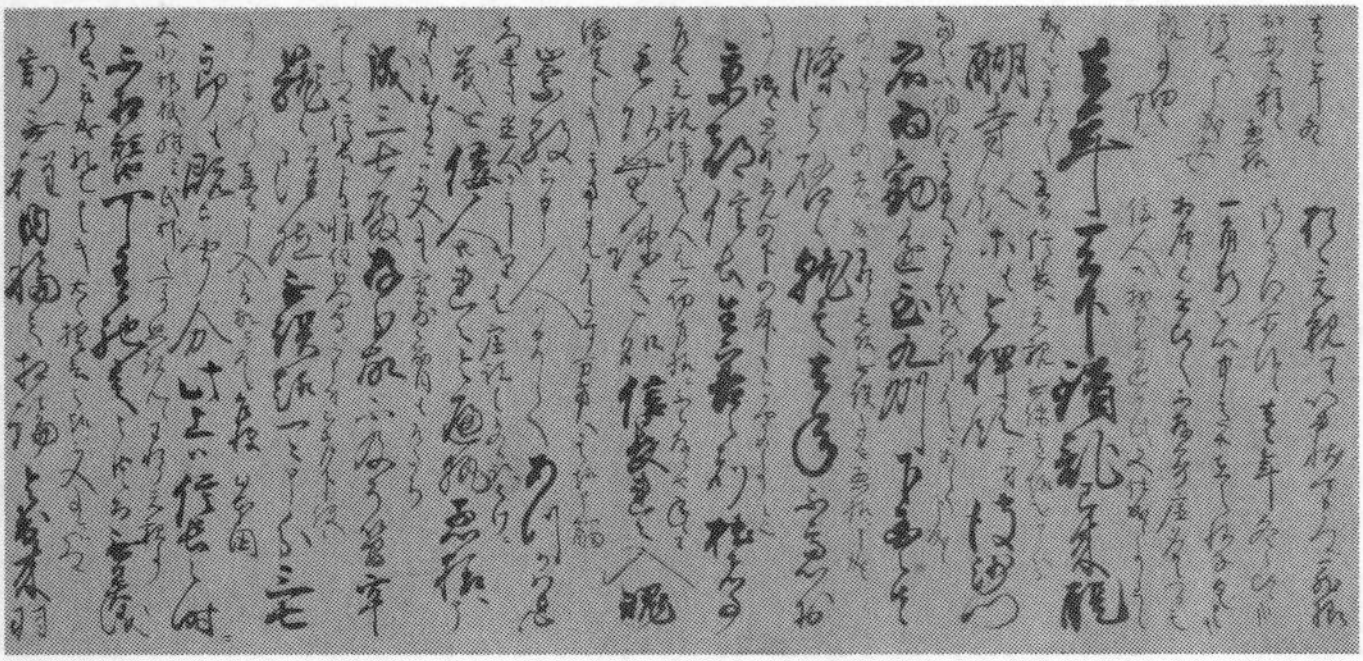

ある。

これは、近衛前久（1536～1612年）が本能寺の変の発端について独白する重要史料だ。写真では判断できなかったのだが、切紙（和紙を二つに折り、折り目どおりに切り離したもの）で署名はなく花押のみの薄礼な様式であるとともに、きわめて流麗な筆致に感嘆した（写真参照）。内容からみても、前久の直筆と判断される。

内池さんからは、浅利さんも含めて織豊時代がご専門ではないことから、人名比定に苦労したことをうかがった。本史料をはじめ難読史料も少なくないことから、短期間の史料集の刊行については、大変なご苦労があったことは想像に難くない。

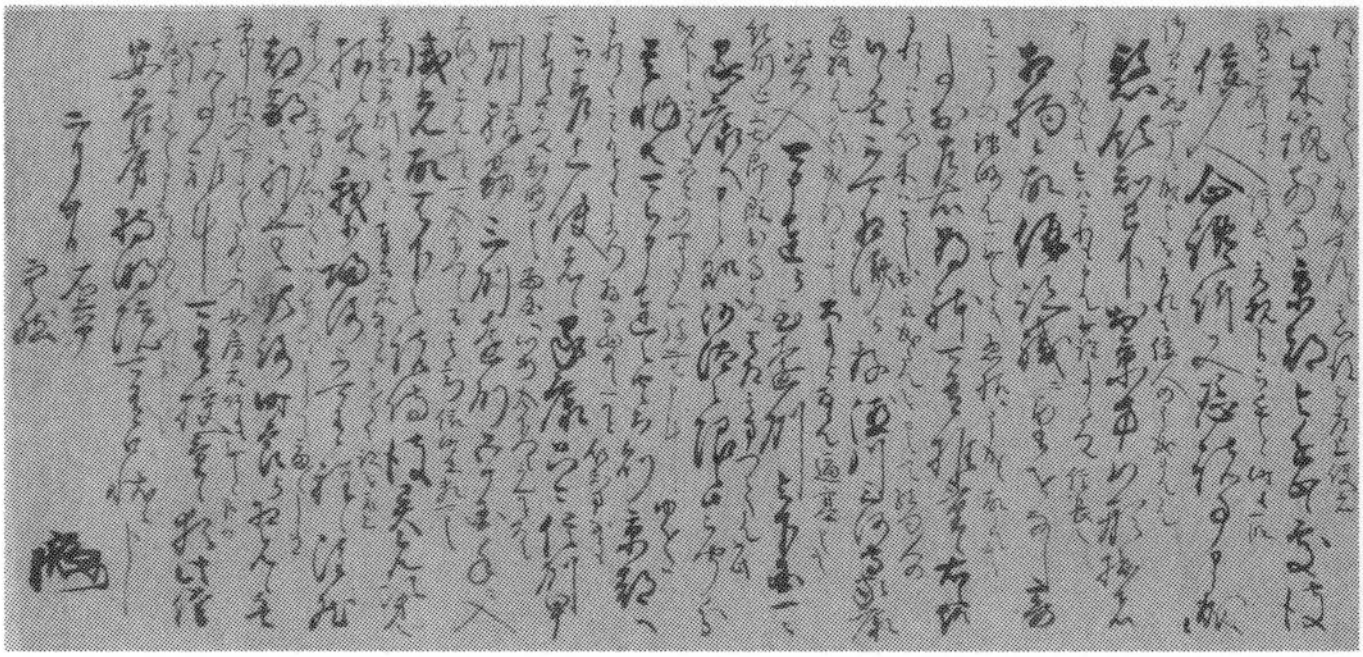

○（天正十一年）二月二十日付石谷光政・頼辰父子宛近衛前久書状

筆者の前久は、天文《てんぶん》二十三年（1554）に関白に任官し、藤原氏の氏長者にもなった当代を代表する有力公家である。信長の信任も篤く、その命令を受けて天正四年の九州における島津氏ら諸大名の停戦や、天正八年の大坂本願寺との勅命講和などの実現を支えた。

書状中、前久は「去々年冬」すなわち天正九年の冬（旧暦では十月から十二月の間）に、信長に長宗我部元親のことを様々に悪し様に訴える者がいて両者は断交寸前になったが、元親のために取りなしたことを明かしている。関係史料からも、この時期に信長の長宗我部氏に対する外交方針が悪化したことが確認される。

それでは、前久が敵対し「佞人《ねいじん》」とまで呼

ぶのは、いったい誰だったのか。長宗我部元親の一代記「元親記」（※）には、それ以前にも元親の強大化がやがて信長に仇《あだ》をなすだろうと讒言《ざんげん》する者がいたことを記している。

それに対して、「信長卿実もとや思しけん、その後御朱印の面御違却ありて、予州・讃州を上表申し、阿波南郡半国、本国に相添へ遣はさるべしと仰せたり」と、信長が同意して四国政策を変更したという。

前久書状に記される「佞人」とは、信長と前久の良好な関係を妬んだ公家衆と考えるのが妥当である。当時の信長は「公儀」（将軍相当者かつ公卿）として天下に君臨していたことから、かなり高位の公家クラスでないと、このレベルの話はできなかったとみるべきだ。

前久が、当時光秀や元親と競合していた秀吉や三好康長に対して、佞人とのみ記して実名を書かないほど配慮する必要はなく、現に書中に「羽柴筑前守」が登場する。ましてや、康長が信長に讒言して外交方針を変更させるほどの実力をもっていたとは考えられない。

筆者は、それに該当するのは五摂家のひとつに数えられる一条家の当主で、現職の関白だった一条内基《ただもと》とみている。元親は、その一族である土佐国司家の当主で大津御所と呼ばれた一条内政《ただまさ》を奉じていたが、対立した末、天正九年二月に彼を国外追放した。信長は、大津御所体制の解体を契機として元親に対する警戒感を強め、対応を厳しくしたのである。

※「長宗我部元親記」とも呼び、長宗我部元親の家臣高島重漸が寛永八年の元親三十三回忌にあたって著した主君の一代記

それまでの土佐国司一条家―長宗我部氏―土佐国人衆という政治秩序すなわち秋澤繁氏（高知大学名誉教授）が提唱された「大津御所体制」は、一条家当主の内基自身が土佐まで下向し、元親との交渉の末、天正二年末に実現したものだった。この後の元親の急激な台頭も、京都と土佐を結ぶ一条家のネットワークが支えた側面もあった。

それを解体した元親に対する憤りから、内基が信長に讒言した可能性は濃厚である。内基は、天正九年四月に左大臣から関白へと昇進し藤原氏の氏長者に任じ、天正十年十月には従一位となっている。前久がライバルと意識するには、十分な立場にある。なお、「佞人」を一条内基とする理解については、はからずも内池さんも同意見だった。

■信長の裏切り

天正八年から同九年にかけて、光秀も人生最大の苦難に直面していた。そのきっかけは、天正八年三月の勅命講和だった。信長は、約十一年にわたる大坂本願寺との衝突を終息させるために、正親町《おおぎまち》天皇の仲介によって本願寺と講和することに成功した。この実現には、近衛前久ら光秀と親しい公家グループの活躍があった。ここまではよかった。

信長は、それに並行して毛利氏との講和も進めていた。表裏者の宇喜多直家と彼と親しかった秀吉を許さなかったからである。この講和にも、光秀と前久らの公家グループが関与していた。信長の外交方針を自らの軍事行動によって変更させたのが秀吉だった。天正九年十月、それまで毛利氏攻略を担当していた秀吉は生き残りをかけて毛利方の拠点・因幡《いなば》鳥取城(鳥取市)を攻略し、信長と毛利氏との決戦を不可避としたからである。

天正九年十一月に、信長は淡路を統一し、さらに阿波北部まで勢力圏とし、秀吉と入魂な三好康長に阿波・讃岐を任せることにした。光秀は、信長の意を受けて毛利氏との講和を進めたにもかかわらず認められず、親しかった長宗我部氏の命運も暗礁に乗り上げてしまった。

拙著『明智光秀伝―本能寺の変に至る派閥力学』(小学館、以下においては拙著と記す)では、うち続く信長に対する重臣の離反劇を、光秀の謀反の前提として位置づけた。天正五年に松永久秀が、天正六年に荒木村重が、信長から離れて義昭に属した。畿内出身の彼らは、いくら信長に奉公したところで、信長の一門や近習、せいぜい尾張出身の譜代家臣までしか信用していないのではないか、との疑念をもたざるをえなかったのである。

つまり、信長の彼らに対する処遇や人事があまりにデリカシーに欠けており、信長から面子を潰され裏切られたと感じ、深く傷ついたのである。光秀は、信長の要求に応えるために毛利氏との和睦に向けて奔走したにもかかわらず、和睦交渉を台なしにした秀吉を、信長があっさり許したばかりか評価したからだった。信頼関係が瓦解したといってよい。

■将軍からのアプローチ

光秀が、義昭の誘いを受け入れたのはいつのことなのか。これは筆者にとって、本能寺の変の真相を知るうえで最大の課題であった。二〇一七年に原本が発見され大きな反響を呼んだ（天正十年）六月十二日付土橋重治宛光秀書状（美濃加茂市民ミュージアム所蔵）で、先述したように光秀は義昭推戴を自ら語っているからである。それでは、尚々書き（追伸）に注目しよう。

史料①
なお、必ず（将軍の）ご入洛のことについては、ご奔走されることが大切です。詳細は上意（将軍）からお命じになられるということですので、委細につきましては（私からは）申し上げられません。

本文の冒頭部分もふまえると、光秀は義昭から依頼された入洛による幕府再興を受諾しており、それが既定方針になっていたことがわかる。「単独説」の論者たちも、この史料から光秀の義昭推戴を認めざるをえなかったのである。しかし、本能寺の変から数日を経て不利な状況に直面した光秀が、藁にもすがる気持ちで義昭に接近した、あるいは本能寺の変の情報が鞆の浦に伝わってから義昭が画策して光秀に近づいたと解釈する。

これに対して私は、当時の使者の伝達能力からは、変から光秀書状が作成された六月十二日までの間に、光秀が備後鞆の浦の義昭と接触して連携するには時間的に無理であることを主張し、変以前における義昭推戴を強調してきた。拙著でもふれたが、念のために検討しておきたい。

まず、情報伝達にどのぐらいの時間を要したのか考える。これに関わって、越中堺城（宮崎城、富山県朝日町）まで進軍していた柴田勝家の場合が参考になる。本能寺の変が勃発した六月二日未明からほぼ五日かかって、六月六日に情報が越後に入国した勝家のもとに到達したことが確認されている（「溝口文書」）。

情報が、五日間で直線距離にして二八〇kmを進んだとみられる。とはいえ、街道には橋が架かっていなかったり、伝馬制度も十分ではなかった時代である。ここでは、単純計算で情報をもった使者が一日平均五十km進むと仮定したい。京都から備後鞆の浦の義昭までに情報が伝わるのは、直線距離にして約二三〇㎞あるから、早く見積もっても普通は四日ないしは五日はかかったであろう。

まずは、不利な状況に直面した光秀から義昭に接近した場合である。光秀が与力である筒井順慶が裏切ったのを知るのは六月十一日のことで、そこから本格的に秀吉らの来襲に備えて山城淀城（京都市）の改修に着手するのであるから、この時点で義昭に接近したところで、まったく間に合わない。

続いて検討するのは、本能寺の変を知った義昭側から光秀にアプローチした場合である。義昭が、六月二日未明に発生した変の情報を六月五日もしくは六日に得たとしても、信長横死の情報の確度を精査する時間が必要だった。仮に、義昭が六日に信長横死を確信して六月七日早朝に使者を出立させたならば、京都付近に到着するのは最速で六月十日か十一日頃である。ただし、「中国大返し」による街道筋の大混乱のなか、道中無事に秀吉軍を追い抜いていったとしてのことである。

問題は、ここからである。使者は、京都とその周辺諸国を移動していた光秀を探さねばならず、しかも怪しまれないように慎重に接近せねばならなかった。したがって、光秀が土橋重治からの書状を受け取る十二日までに義昭からの御内書を得るのは、至難の業だっただろ

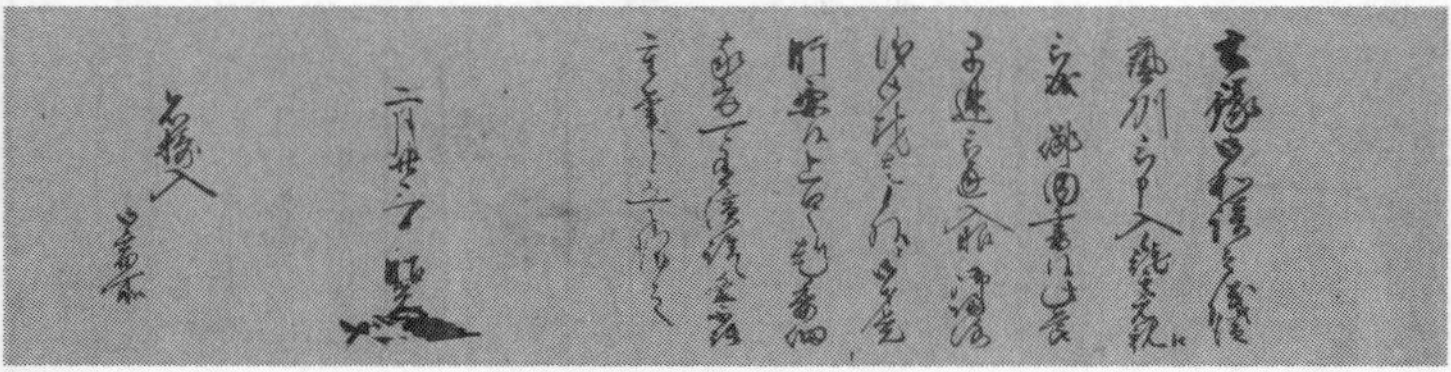

○二月二十三日付石谷光政宛真木島昭光書状

う。これらを考慮すると、光秀はやはり変以前に義昭からのアプローチを受けていたとみるのが自然であると主張してきた。

そのようにみた場合、注目されるのが二月二十三日付石谷光政宛真木島昭光書状（『石』—13）だった。次に、本文の現代語訳を掲げよう。

史料②

元親と河野通直の和解（「土・予御和談」）を、毛利輝元から申し入れられました。それについて長宗我部元親に（義昭から）御内書が送られました。この時期に、和解を早速に実現されて、（義昭の）ご帰洛について奔走されるように、ご才覚を巡らせることが

肝要です。「上口」（東瀬戸内地域）の状況については、詳細は小林家孝（義昭側近）がご説明されるでしょうから、詳しくは記しません。（後略）

この書状は、義昭側近の真木島昭光が土佐に下っていた石谷光政に宛てて、長宗我部氏が伊予の河野氏と和睦したうえで、毛利輝元と軍事同盟して義昭の帰洛を実現するように働きかけたものである。ここでは、毛利―長宗我部同盟を「芸土同盟」（天正十二年八月まで機能していたことがわかっている）とよぶ。重要なのは、輝元の要求を受け入れて義昭が元親に対して、おそらくはじめて御内書を発給したことである。

■援軍要請

ここで石谷氏について説明しておきたい。石谷氏は、明智氏と同様に土岐氏の一族で、本貫地は美濃方県郡《かたがたぐん》石谷（岐阜市）である。室町時代には歴代が幕府奉公衆（四番衆）として活躍し、光政（御小袖番衆）と頼辰《よりとき》（外様詰衆）の父子は足利義輝に仕えていた。永禄八年五月に義輝が殺害（永禄の政変）されると、父子は離別することになる。光政は娘婿の長宗我部元親を頼って土佐に下向し、頼辰はそのまま京都に残り足利義栄《よしひで》の奉公衆に横滑りした。

頼辰は、実は斎藤利賢《としかた》の子息だった。石谷家に養子入りして、斎藤家は弟の利三が継いだのである。光秀の重臣となっていた利三との関係からか、天正年間には頼辰も光秀に仕えることになる。頼辰の義理の妹が元親の正室になっていたことから、後に重臣斎藤利三を介して、光秀が元親と信長とを結ぶ取次役を務めた。

元親が天正三年に土佐を統一し、その後わずかな期間に四国を併呑する勢いを示すのも、彼の軍事的才覚はもとより、信長権力との接触、換言すれば光秀とその家臣団との連携によるところ大であった。もちろん、これには近衛家や一条家との良好な関係も物を言っただろう。

さて、**史料②**の真木島昭光書状であるが、筆者と内池さんとでは内容の理解は同じだが、内池さんは状況証拠から天正十一年に比定される。つまり、『石谷家文書』のなかで同年に作成された史料が多いのに対して、天正十年に確定されるものは少ないと仰るのだ。

これに対して、筆者はかねてより天正十年と理解している。この文書において考慮せねばならないのは、それまで領地をめぐって敵対関係にあった長宗我部氏と河野氏とが和睦することを、なぜこの時点で毛利氏から求めたのかについてである。筆者は、信長との最終戦に備えて軍事増強のため河野氏に対して加勢を求めたからと考える。そのためには、河野氏が敵対していた長宗我部氏との停戦を実現せねばならなかったのである。

これについては、農書として有名な『清良記《せいりょうき》』に記載がみられるので、ご紹介したい。

「天正十年三月朔日、毛利氏は伊予宇和郡の西園寺公広《きんひろ》に対して三熊忠兵衛という使者を派遣し加勢を依頼した。公広は、元親と対戦中なので断ろうとしたが、忠兵衛は輝元の指示で元親に対して停戦するように働きかけるので協力して欲しいと主張し、彼はその足で元親のもとに行き和睦を実現したというのである。

続けて、元親は最近は信長と大変不和になったので、三好康長に阿波・讃岐を宛行《あてが》う朱印状が発給されました。（中略）このような大事に元親こそ先んじてご加勢するべきですが、三好がこちらに出撃してくるので協力することはできません。そのうえは、加勢を依頼されながら受けられないことを残念に思っておりますのに、どうして伊予衆が（毛利氏に）加勢されている隙に（軍勢を）踏み入れたりしましょうか。厳重に誓詞をもってこのように申したので、大野・西園寺の両氏は河野氏からの命令次第に出陣するとの返事をした」、というのである。

「大野系図」（伊予史談会本）にも、同様の記述がある。「輝元使者三熊忠太夫（三熊忠兵衛と同一人物か？）」が同年二月下旬に河野通直麾下の伊予大除城《おおよけ》（土佐国境監視の城郭、愛媛県久万高原町）の大野直昌《なおしげ》に派遣され、援兵を乞うてきたと記されている。

これらは、編纂史料すなわち二次史料ではあるが、伝来が異なるにもかかわらず内容が符合していることから、芸土同盟の締結の背景を物語る参考史料と判断する。毛利氏は、信長との直接対決に備えて軍勢増強の必要から、伊予守護家の河野氏や西園寺氏らから軍勢を調達せねばならなかった。それを実現するためには、彼らと敵対していた長宗我部氏との同盟が不可避となったのである。

加えて、先述した『清良記』文中の三好康長に対して阿波・讃岐両国を宛行うとする信長朱印状は、実際に発給されていた。天正九年の淡路統一の直後、信長の意を受けた松井友閑《ゆうかん》は、十一月二十三日付で讃岐の安富筑後守と同又次郎父子に宛てて、「このたび淡州が統一されました。その様子は明らかであります。それに関係して信長から阿波・讃岐について三好康長に仰せ付けられました」（東京大学史料編纂所蔵「志岐家旧蔵文書」）と伝えているからである。

信長の四国政策の変更によって、土佐一国の領有のみに限定され、後述するように土佐への玄関口となる阿波の城郭の保持も危うくなっていたから、元親にとって将軍義昭や毛利輝元からの接近は歓迎するべきことであった。ただちに、元親は河野氏との和睦を承諾し、毛利氏と同盟することにした。

■義昭—光秀ライン

そうすると、この動きは同時期に光秀が土佐に派遣した光政の子息石谷頼辰にも知らされ、その情報が主君光秀に届いたとみるのは自然だ。これに内容的に関連するものとして注目したいのは、五月十一日付石谷頼辰宛真木島昭光書状（『石』—12）である。次に、現代語訳を掲げよう。

史料③

元親へ両度（義昭から）御内書を送られたことについて、（元親が）お礼のために御使僧を（鞆の浦に）派遣しました。誠に遠路のところこのようなことについて、（義昭は）大変お感じになられています。委細については直ちに申し入れます。（略）あなた（頼辰）が土佐にご在国されているのは幸いの儀でありますので、ますます元親が忠節を尽くすように、折々にご才覚を巡らされ、特にご忠義を尽くしてほしいということを、心得よということです。詳細については、小林家孝から申し達せられるでありましょう。次に、「上口」の状況は、

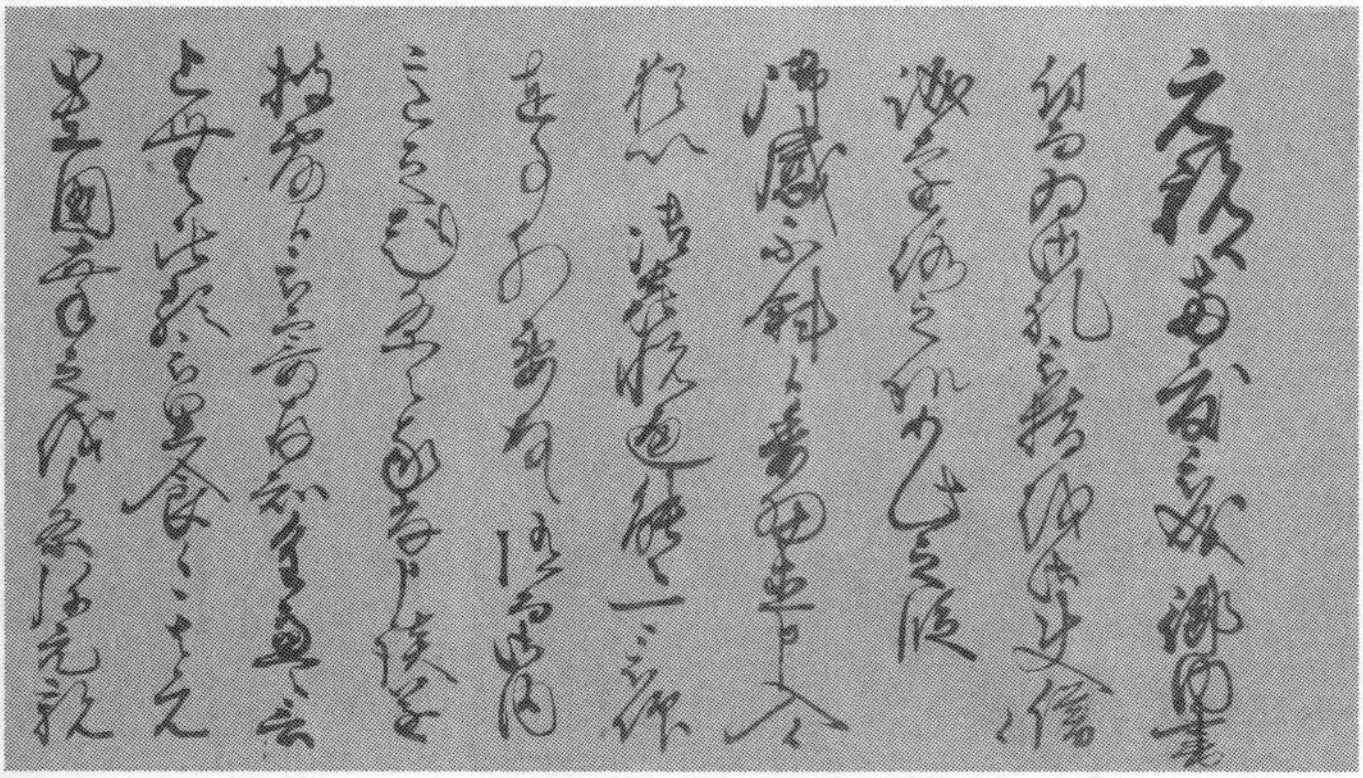

確かに明らかになっています。まったく（義昭の）ご上洛は眼前のことです。大慶とはこのことです。（以下、略）

本書状の年次比定から検討したい。冒頭に元親に対して二度義昭から御内書がなされ、それに対する礼を述べるために元親から使僧が鞆の浦に派遣されたことが記されている。したがって、**史料②**と関係する義昭と元親との連携の開始初期の史料とみるべきだろう。

文中に「其元《そこもと》御在国幸いの儀候条」（原文）と、石谷頼辰が在国すなわち土佐に来ているのは幸いであると記されている。天正十年正月、頼辰は光秀の命を受けて信長の朱印状を携えて元親のもとに派遣されたが（『石』―32）、

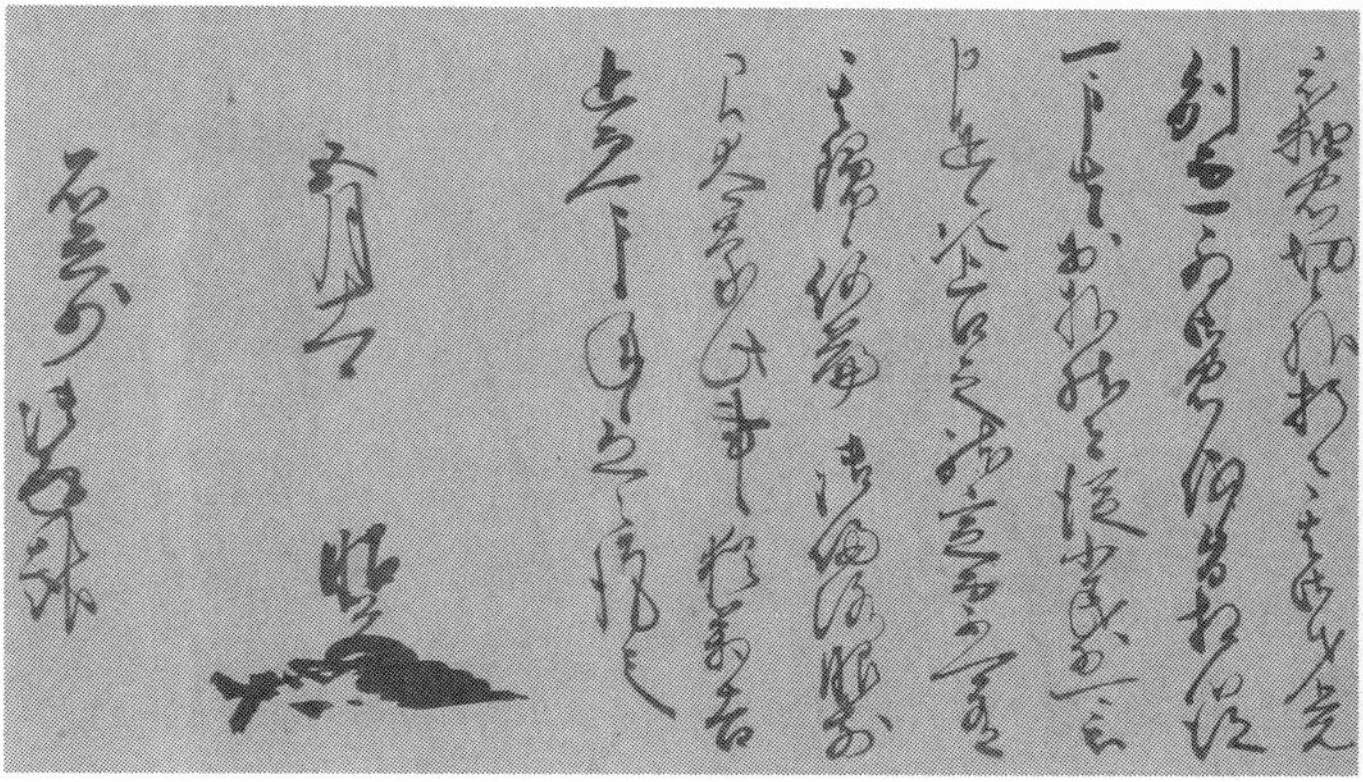

〇五月十一日付石谷頼辰宛真木島昭光書状

再派遣されたのであろう。

正月には信長が示した、土佐一国の領有を認めるかわりに阿波・讃岐二か国を没収するという命令であるが、前哨戦が始まった時期の再派遣は、なんとしてでも飲ませるためである。記者発表で有名になった（天正十年）五月二十一日付斎藤利三宛元親書状（『石』―19）の使者を務めたのは頼辰だったことから、この時期頼辰の土佐在国は確実である。

なお、本能寺の変の直後に、頼辰は土佐に居所を移し、元親嫡男・信親付の重臣となっている。したがって天正十一年の場合、「御在国幸いの儀」との表現はとられなかっただろう。また、芸土同盟に関する一度目の御内書については、先述したように天正十年二月に発せられていた。これらを総合して判断すると、史料②の年次は天正十年とみるべきである。

史料③すなわち真木島昭光書状を天正十年五月十一日のものとするならば、ここで昭光が直接、光秀の重臣である石谷頼辰に宛てたことに注目するべきである。この段階までに、義昭サイドと光秀サイドが直結していたことになるからである。頼辰は、当初は信長の命令に従わせるために元親のもとに派遣されたのであるが、義昭サイドからの接近があり、その情報を光秀に伝える役どころを演じることになったのである。

後段の「次いで上口の躰、定てその隠れあるべからず候、何篇（闕字）御帰洛眼前に候、太慶このことに候」（原文読み下し）も看過できない表現である。「上口」とは、東瀬戸内地域をさす表現であり、ここが義昭方となっていることから、昭光は義昭の上洛は眼前に迫っており大慶であると伝えている。この二十日後に変が起こるのだから、勝利宣言と言ってもよい。

毛利輝元の要望をうけた義昭は、石谷父子に目を付けてすぐさまアプローチしたのである。もともと、元親の周辺では永禄の政変でリストラされ土佐に来た石谷光政（幕府奉公衆）や蜷《にな》川道標《がわどうひょう》（親長《ちかなが》、室町幕府政所代家）という、かつての幕府衆が重用されていたことから、事態打開のために即応したものと思われる。義昭から石谷父子にもたらされた情報は、当然のことながら主君光秀にも伝えられたとみるべきである。

以上からは、天正十年二月二十三日付の**史料②**によって、義昭は石谷氏を通じて光秀に接近し、**史料③**が作成された五月十二日までに、両者は気脈を通じていたとみることが許されよう。先の六月十二日付光秀書状に、光秀自身が義昭を奉じていると記したことと符合するのである。

天正十年二月以降、光秀は主君信長からはもとより、旧主義昭からの情報も得ていた可能性は極めて濃厚である。両者の動きを手に取るように知ることができた。まさしく、歴史を動かしうる千載一遇のチャンスを得たのだ。

光秀は、天正十年の二月から五月にかけての時期に義昭を奉じたとみるべきである。ただし、信長による長宗我部氏攻撃が回避されたならばクーデターを起こさなかっただろう。これが、光秀にとっての最終判断のポイントだった。

■本能寺の変前夜

ここでは、光秀が仲介した信長と長宗我部元親との四国をめぐる国分《くにわけ》（領土確定）交渉の変転についてふれておこう。天正九年から十年にかけての推移が、本能寺の変を準備したからである。

信長は、(天正九年)六月十二日に長宗我部氏と三好氏との領土紛争に介入して停戦命令を発した(「香宗我部家伝証文」)。この背景としては、信長による三好康長《やすなが》の重用があった。命令を伝えた信長朱印状の副状発給者が康長だったことから、この時点で信長が康長を三好氏家督と位置づけていたとみられる。これについては、副状で康長が自らを「三好康慶《やすよし》」と三好長慶と同じ「慶」を名乗っていることも重要である。

この停戦令については、阿波一国の南郡《みなみごおり》(那賀・勝浦・海部の三郡に相当)と北郡(吉野川中流域の美馬・三好両郡が上郡、下流域の板野・阿波両郡が下郡と呼ばれ、あわせて北郡・北方と称されたという)での折半を命じたものと推測される(「元親記」)。

北郡内の上郡は岩倉城(徳島県美馬町)に拠る岩倉三好家が、下郡は勝瑞《しょうずい》城(徳島県藍住町)に拠る阿波三好家が支配してきていた。しかし天正八年において、阿波三好家当主の十河存保《そごうまさやす》は讃岐十河城(高松市)に逼塞《ひっそく》し、式部少輔は長宗我部方となっていた。信長は、三好康長を支持して、阿波における長宗我部両氏との対立を回避しようと介入したのである。

命令を実現するために、信長はすぐさま秀吉らに命じて淡路から阿波北部にかけての平定戦に移る。淡路は、西国平定をめざすとき、四国方面への通路であることはもとより、東瀬戸内海の制海権を掌握するうえでも重要拠点だったからである。

天正九年を画期として、信長の戦争は、淡路と阿波北部のみならず安富氏ら讃岐東部の国人領主の組織化まで意識するものになっていた。そもそも、この地域は一体の関係にあった。安富氏は、讃岐東半国守護代家で細川氏内衆《うちしゅ》に系譜をもつ有力者で、小豆島を支配することで東瀬戸内の舟運《しゅううん》にも影響力をもっていた。これによって、讃岐東部でも三好氏の勢力が拡大したことがわかる。

■幕臣に復帰する光秀

天正九年の信長による戦争によって、淡路一国ばかりか阿波北郡から讃岐東部にかけての東瀬戸内地域がその勢力圏となった。天正九年末、中国・四国地域の勢力地図は一変したのだった。これを受けて、信長は三好康長に対して阿波と讃岐の領有を約束した。信長は、いきなり天正十年六月に四国攻撃を仕掛けようとしたのではない。天正九年に第一次四国攻撃があり、それを踏まえて第二次四国攻撃を計画したのである。

ここで重要なのは、この頃、信長が康長に阿波・讃岐両国の領有を許す朱印状を与えたこ

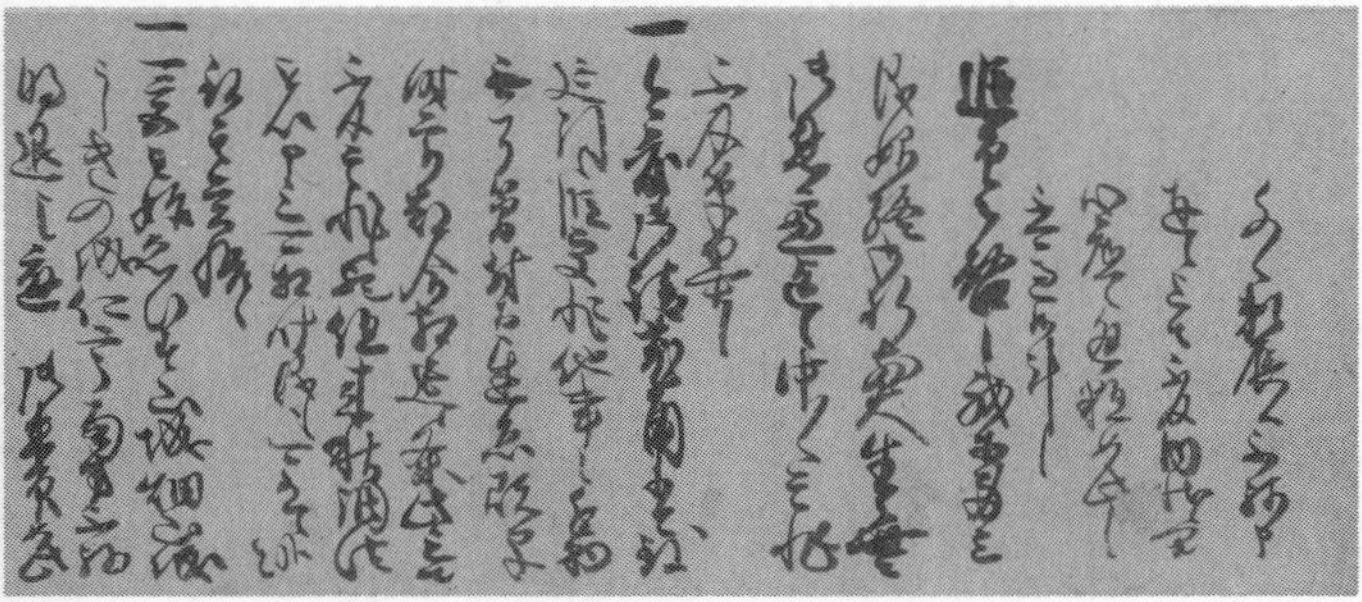

とである。これを受けて、光秀は天正十年一月に石谷頼辰を土佐に急派して土佐一国領有で我慢するように説得を試みた。次に掲げる（天正十年）五月二十一日付斎藤利三宛長宗我部元親書状（『石』—19）には、頼辰がこの朱印状に従うよう厳しく迫ったことが記されている。

史料④

一、このたびの信長の朱印状に対するご承諾が、なにかと今まで遅れましたことは、特に他事があったのではありません。（信長に対する）贈物を取り計らうことができず、遅くなってしまい、時節柄を過ぎてしまったのですが、このままではどうしようもな

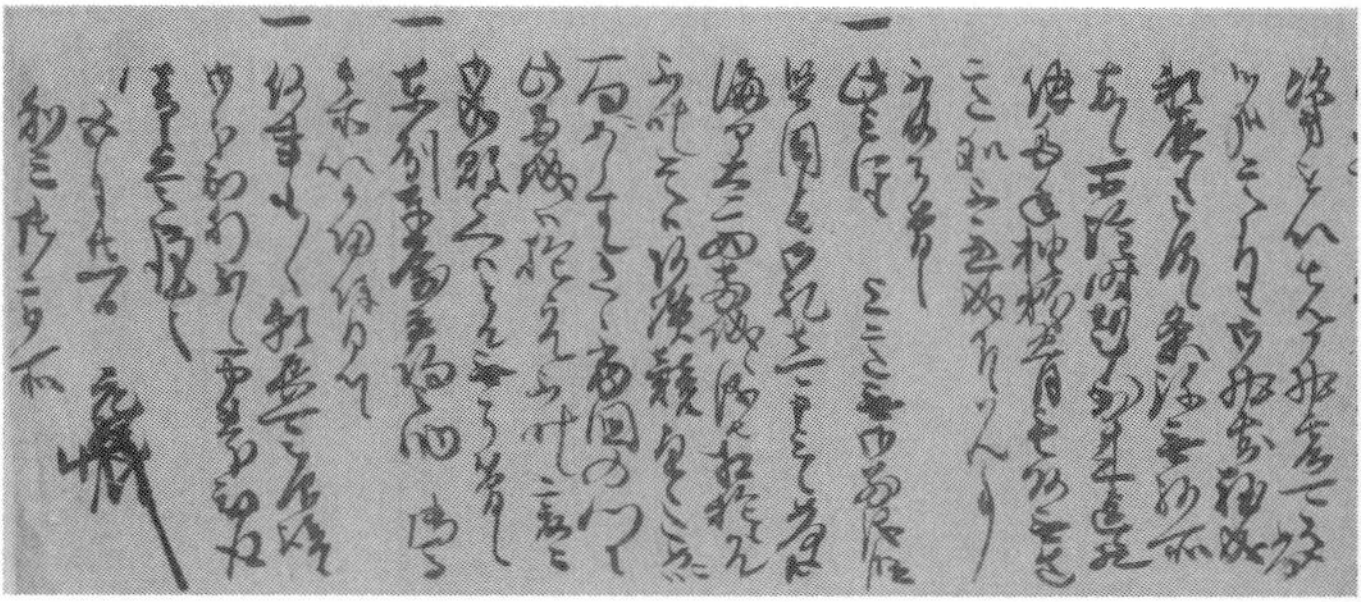

○（天正十年）五月二十一日付斎藤利三宛長宗我部元親書状

いでしょうか。ただし、秋に準備して申し上げれば、信長の意向にもかなうこともあるかと認識しております。

一、一宮城をはじめ夷山城《えびすやまじょう》（徳島市）、畑山城（阿南市）、牛岐《うしき》城（阿南市）、仁宇《にう》南方（那賀町）から残らず撤退しました。信長の朱印状の内容に応えて、このような対応をもって、信長にご披露していただけないでしょうか。これでもご披露するのがむずかしいと頼辰が仰っているので、いよいよ妥協の余地はなくなってしまっています。もはや、戦いの時が到来したのでしょうか。当方は、多年にわたり信長のために粉骨し、まったく反逆する気持ちはないのに、思いも寄らない仕打ちにあうことは、納得できないことです。
一、このうえ信長の命令に変更がないことが確実であるならば、お礼を申し上げねばなりません（防戦せざるをえないとの意か）。どうあっても、海部（海陽町）・大西両城（三好市）についてては、こちらで維持せねばなりません。これは阿波・讃岐の領有を望んでいるためでは、まったくありません。ただ、土佐の玄関口にこの両城があたりますので、こちらで維持せねばならないのです。ここまで差し出さねばならないのでは納得できません。（以下略）

第一条の信長が元親に渡した朱印状とは、阿波・讃岐の返還と土佐一国の安堵とみられる。この段階で、元親は大枠それを飲んで阿波から撤兵したことを示すのが第二条である。拠点城郭・地域からの退去が記されている。それに際しての条件を述べたのが、第三条である。ただし、阿波にあっても海部・大西両城のみは、土佐への玄関口にあたることから手放せないこと、これが認められない場合は戦争しかないと主張しているのである。

この書状を斎藤利三のもとに運んだのは石谷氏である。この願いが、光秀を通じて信長に届けられたのかどうかは確認できないが、四国問題は光秀がクーデターを起こした要因のひとつとみてよいだろう。

なぜなら、光秀が六月二日未明に本能寺の変を起こしたのは、当日が織田信孝を首将とした四国攻撃軍の出陣日だったからである。本能寺の変は、苦境に直面した長宗我部氏を救うものだったことからも、「四国説」は今後の研究における前提となった。

これまでの議論との関わりからは、長宗我部氏は一方では毛利氏との連携を進めながら、他方ではギリギリまで信長との衝突回避のために交渉を進めていた、ということになるであろう。これは、当時の毛利氏においても同様だった。長宗我部氏との同盟や伊予の河野氏らから援軍を恃《たの》むとともに、安国寺恵瓊《あんこくじえけい》を介して秀吉と講和交渉を進めていたのである。

このように、まったく矛盾する交渉を行なっているようにみえるのであるが、当時の武将たちにとって組織の生き残りのためには、当然のこととして両面作戦が常識だったのだ。たとえば、関ヶ原の戦いにおける真田氏や毛利氏の選択をみれば容易に想像できるであろう。

これが理解できなければ、当時の政治史を語ることができないのである。ついでながら、光秀も信長が長宗我部氏攻撃を思いとどまったらクーデターを選択することはなかっただろう。

■同盟の本質

義昭にとって、芸土同盟は自らを帰洛させるための軍事同盟だった。それについては、変の直後に彼が発した次の御内書をみても明らかである。

史料⑤（「本法寺文書」）

信長を討ち果すうえは、（足利義昭の）**入洛のことについては確かに奔走するべきことを、毛利輝元と小早川隆景に対して申し遣わしたので、この時期ますます忠節を尽くすことが肝要である。それが実現したならば恩賞を遣わすであろう。そのために肩衣と袴を遣わす。なお真木島昭光と小林家孝が申すであろう。**

（天正十年）**六月十三日**　（義昭花押）

乃美兵部丞《（宗勝）》とのへ

本史料の年次は、傍線を付した冒頭の「信長を討ち果すうえは」（原文の読み下し）からも天正十年である。このように、義昭自らが変に関与したことを語っているのである。当然、芸土同盟との関わりから理解するべきであろう。小早川水軍の実力者であり毛利氏の重臣でもあった乃美宗勝に対して、このような時期に乗じて上洛戦に供奉《ぐぶ》するように命じたものである。

史料⑥（「香宗我部家伝証文」）

先度元親が（義昭の）帰洛の事について、忠節を尽くすと言上したことを、（義昭から）喜ばしいとを申し遣わされました。ますます毛利輝元と相談し、奔走するように（長宗我部元親に）申し聞かせなさい。なお真木島昭光と小林家孝が申すであろう。

（天正十年）六月十七日　　（義昭花押）

（香宗我部親泰）高宗我部安芸守とのへ

天正十年六月十三日に山崎の戦いが勃発し、光秀は敗死する。本史料は、以前に元親が帰洛に忠節を尽くすことを誓ったことに対して義昭が謝辞を述べ、今後も輝元と相談して帰洛のために奔走するように命じたものである。同じく、芸土同盟から理解されるものである。

しかし、義昭の呼びかけに対して、毛利氏も長宗我部氏も応えなかった。毛利氏の場合は、

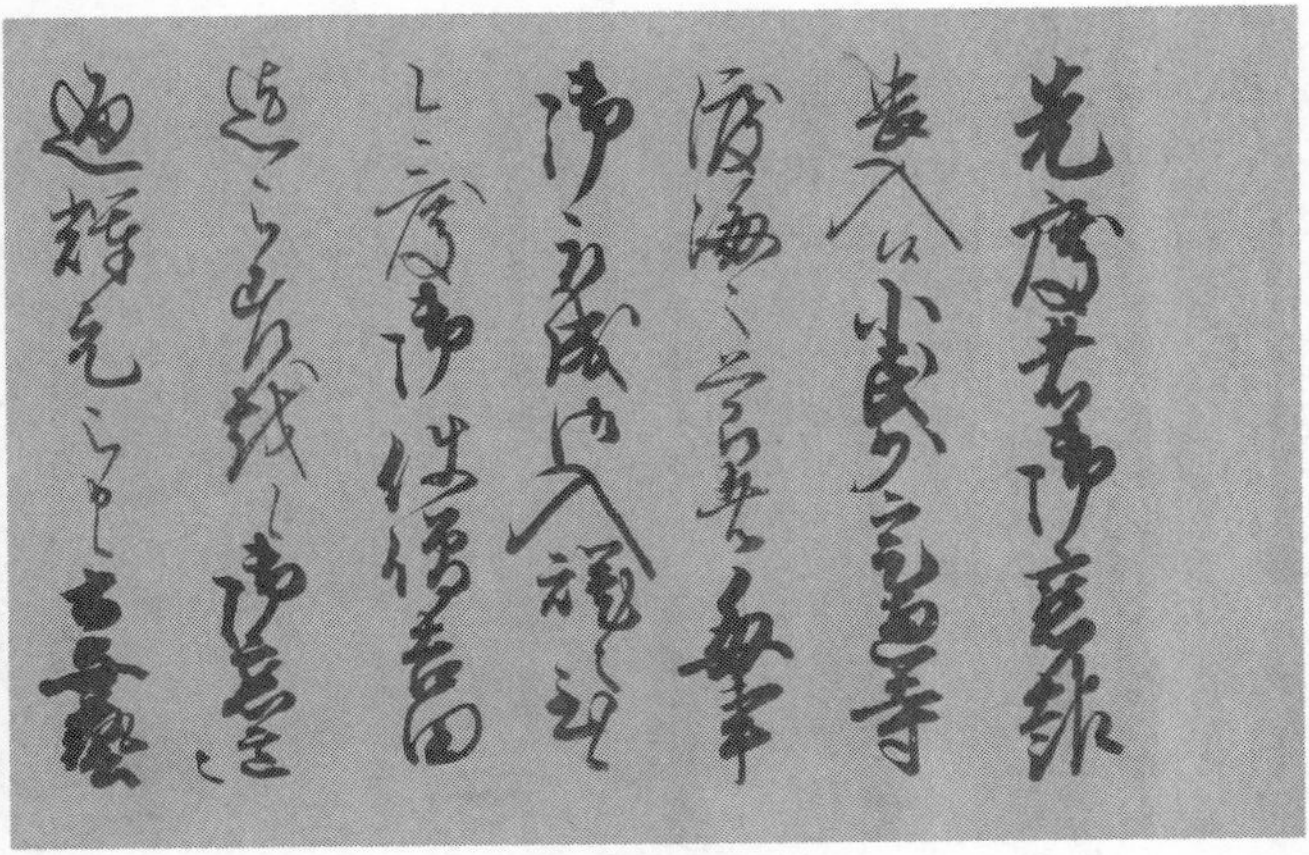

○（天正十一年）五月二十二日付石谷頼辰宛小早川隆景書状

ひとまず大きな危機が去ったことが大きい。なによりも重臣層のなかに秀吉に内通する者がいるなど、家中組織が崩壊寸前になっており、その立て直しが喫緊の課題だったからである。長宗我部氏の場合は、主要な軍隊が土佐に留まっていたため、時間的に畿内方面に出陣することがかなわなかったとみられる。

毛利氏と長宗我部氏にとっての芸土同盟は、あくまでも滅亡を回避するための攻守同盟以上の意味はなかった。これが、上洛戦とリンクする義昭の思惑との決定的なずれであった。本能寺の変の後に義昭が毛利氏に帰洛戦を迫っても動かなかったのは、当然といえば当然のことだったのだ。

「三 本能寺の変の人脈」掲載の書状５点（原本は林原美術館蔵）
提供＝林原美術館／東京大学史料編纂所撮影／DNPartcom

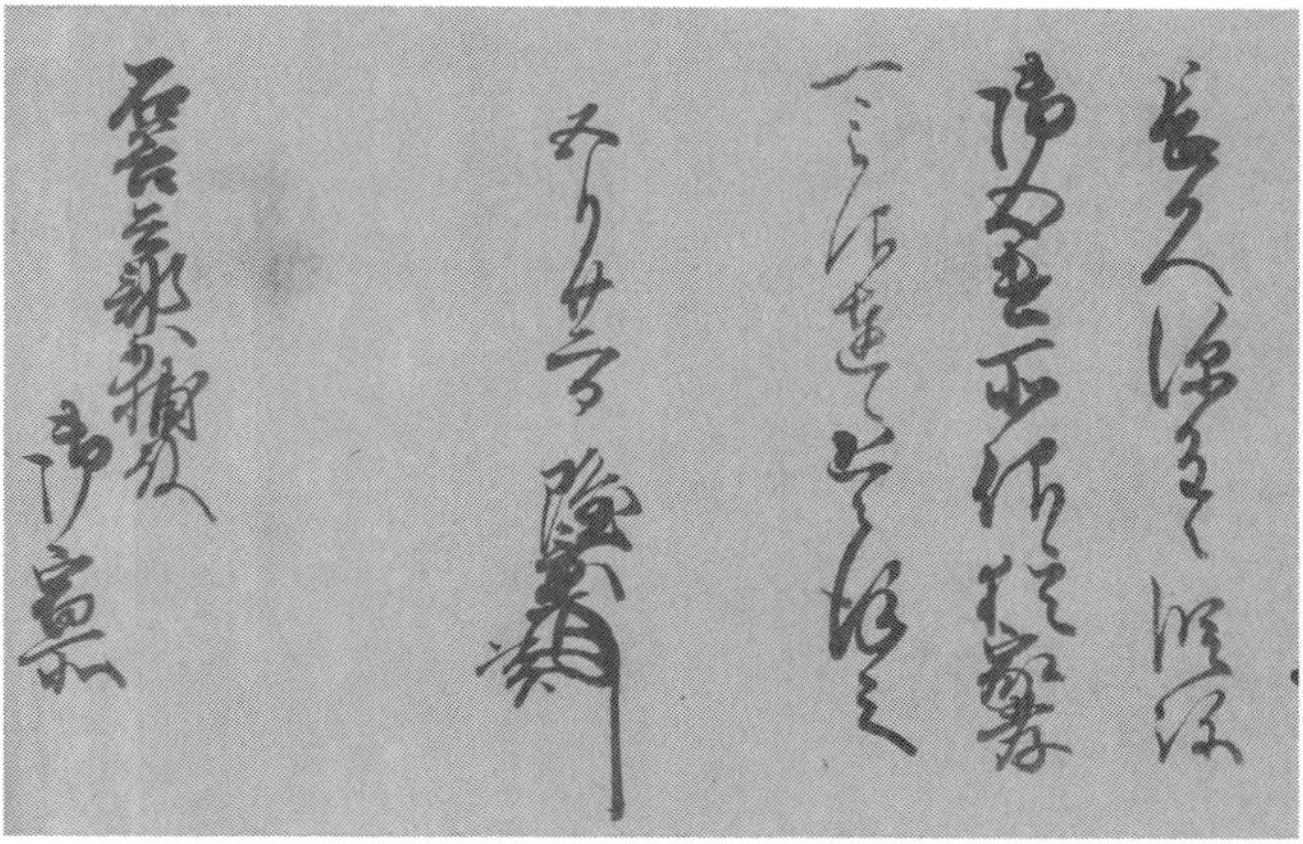

■将軍側近の外交力

以上、「石谷家文書」をたよりに、光秀がいつ義昭を奉じてクーデターに及んだのかについて検討してきた。最後に、これまでの年次比定を裏づける五月二十二日付石谷頼辰宛小早川隆景書状（『石』―33）の本文を現代語訳することにしたい。

史料⑦

先度は、お懇《ねんご》ろなお手紙をいただき恐れ入りました。小林家孝と定恵寺が渡海した節には、毎事お取り成しいただきありがたく存じます。このたび御使僧が安芸吉田郡山城まで派遣されました。（御使僧からは）ご

懇意の通りに輝元に申されました。長宗我部・河野・毛利の間柄が長く深く続くために、ますますお心遣いをお願いするところです。なお家孝より通達されるでしょう。

この書状は、小早川隆景が石谷頼辰を介して長宗我部元親に宛てたものであるが、なんといっても「土（土佐）・与（伊予）・芸（安芸）長久深重の段」（原文の読み下し）という表現が象徴的である。隆景は、長宗我部・河野・毛利の三氏間における戦闘が回避されることを望んでいたのである。

また「小民少（小林家孝）・定恵寺渡海の節は、毎事御取り成し御入魂の至りに候」（原文の読み下し）とあり、これまでに、複数回にわたって小林家孝と定恵寺の二人が渡海して元親の居城土佐岡豊《おこう》城（高知県南国市）に行っており、隆景が石谷頼辰に毎度に及ぶ元親への取り成しを感謝している。

本史料の年次は、天正十一年である。天正十年五月では、元親の使僧が訪問した安芸吉田郡山城（広島県安芸高田市）に毛利輝元は在城しない。備中猿掛城（岡山県倉敷市真備町・小田郡矢掛町境）で秀吉方と対陣していたからである。

また天正十二年五月では小牧・長久手の戦いの時期となり、元親が織田信雄や徳川家康と連携しているからである。本史料が天正十一年とすると、「元親と河野通直の和解（「土・予御和談」）を、毛利輝元から申し入れられました」から始まる二月二十三日付石谷光政宛真木島昭光書状（**史料②**）の年次は、やはり前年の天正十年となる。

一年三か月もかかって、やっと長宗我部・河野・毛利の同盟が実現したのである。天正十年二月から毛利氏の意向を義昭が仲介して始まったが、まずは予土和睦が本能寺の変の前に実現した。

それから五月までに、義昭への礼のために元親から鞆の浦に使僧を派遣した（**史料③**）。七月には義昭の側近小林家孝と毛利方の使僧定恵寺が長宗我部氏と河野氏との講和の件で、讃岐雨霧城まで出向く（七月五日付小林家孝書状、『石』—25）。八月にはそれに対する元親の礼状が出された（八月七日付乃美宗勝宛元親書状、「徳山毛利家文書」）。

翌天正十一年五月までには、長宗我部・河野・毛利三者の同盟が締結され、長宗我部氏から直接安芸吉田郡山城まで使僧が派遣されるまでになっていたのであった。このように、同盟締結の流れをみると、本能寺の変までに実現していたのは、実質的には三者間の停戦というレベルで、攻守同盟というレベルにさえ達していなかった。翌年五月になって、ようやく使者を派遣しあうレベルまで親密化したといえよう。

義昭は、天正十一年に柴田勝家と結んで上洛戦を行なおうとした。賤ケ岳の戦いの時期、長宗我部氏はそれに呼応して讃岐引田《ひけた》の戦いで秀吉が派遣した仙石秀久を破った。さらに、阿波木津城（徳島県鳴門市）を落城させ、その勢いに乗じて淡路洲本《すもと》城（兵庫県洲本市）も攻撃した。しかし勝家が敗退したため、上洛はかなわなかった。

（天正十一年）五月十五日付小早川隆景宛秀吉書状（『毛利家文書』九八〇）において、秀吉は賤ケ岳の戦いの詳報と北国国分の状況を伝え、やがて毛利領まで進軍することをちらつかせて「秀吉腹を立てざる様ニ御覚悟され尤《もっとも》に候事」と脅している。「日本耶蘇《やそ》会年報」には、「この手紙を受取り、使者その他の情報を聞きて、山口の王（毛利輝元）は驚愕し、其国々と人質を彼に与えて、其中出を容《い》れたり」と記す。

先の（天正十一年）五月十五日付小早川隆景宛秀吉書状によると、隆景書状を五月五日に秀吉が近江坂本城（滋賀県大津市）で受け取ったことがわかる。しばらく途絶えていた毛利―秀吉間の中国国分をめぐる交渉が再開されていたのである。

このような状況下、「土・与・芸長久深重の段」すなわち義昭の仲介で実現した国分を確認することはあっても、義昭が長宗我部氏や毛利氏に上洛戦を迫るのは、いかにも現実的ではなかった、といえよう。したがって、義昭の西国大名を擁しての帰洛をめぐる動きも、賤ケ岳の戦いまでとみるのが自然である。

■戦国・織豊時代の伝統権威

調査は、以上五点の古文書を中心に閲覧させていただいた。その傍ら、内池さんからは「石谷家文書」の公開に至る過程や、『石谷家文書―将軍側近のみた戦国乱世』の刊行にまつわる興味深いお話の数々をうかがった。

たとえば、きわめて精度の高い史料集に仕上がった本書であるが、一八〇〇円という破格の本体価格となっている。これについて内池さんは、学生時代の経験をふまえてのことだろう、「昼飯を四回抜いたら買えるんですよ!」と何度も仰った。

学生・院生クラスにも気軽に手に取ってもらうため、出版社に対してできるだけ安くなるように交渉したそうである。その結果、カバーをはずすと見える本体表紙が白紙になったそうだ。まさに、編者の熱き心意気がうかがわれる装丁なのである。

このたびの「石谷家文書」の閲覧において、内池さんと林原美術館の皆様にはひとかたならぬお世話になった。地域史料の保存と活用に尽力される皆様の姿勢には、あらためて心から敬意を表する次第である。これこそ、織田政権研究の進展をもたらす原動力となったのであるから。

さて、二〇二〇年のNHK大河ドラマ『麒麟がくる』は、前半の美濃時代の青年光秀の扱いが丁寧すぎたせいか、後半の信長重臣時代の回数が足らず、視聴者にはやや不満が残ったようである。しかし、逆臣としての光秀像はみごとに覆されたばかりか、彼が終生尊重にした将軍足利義昭や室町幕府についても、広く関心が呼び起こされた。実力派として知られる脚本家・池端俊策氏の歴史観が、視聴者の心を捉えたのである。

今回の旅で述べた内容は、四半世紀前から取り組んできた筆者の研究と密接に関係している。二〇二〇年、はからずも池端氏とご一緒する機会があったが、拙著『証言　本能寺の変』を読まれてドラマの着想を得たことを明かされ、光栄に感じたことが思い起こされる。

戦国時代の足利将軍や室町幕府の評価については、一九七〇年代以降、大きく様変わりしている。権力の及ぶ範囲は畿内近国規模に後退したが、権威は戦国大名の上位にあり続けたことが明らかになったのである。信長の天下人としての台頭も、光秀と彼の家臣団となった幕府衆が支えたところが少なくない。それが他の戦国大名との大きな相違点であった。

信長と光秀の出会いこそ、歴史を動かす原動力となったのである。しかし、本能寺の変における信長の無残な死も、彼ら伝統勢力の結集がもたらしたものだったとすると、戦国時代の室町幕府や朝廷については、今後も研究の余地が相当に残されているように感じる。

加えて、新たに天下人となった豊臣秀吉も、初期には義昭に接近し、やがて自らが関白に任官したことから、幕府や朝廷といった伝統権威については、今後も織豊期研究においても重要な論点のひとつとなるであろう。

コラム──クーデターの余波（取材地／丹後半島）

■丹後における本能寺の変

天正八年（1580）八月、織田信長の命をうけた細川藤孝・忠興父子は丹後に入国し、八幡山城（京都府宮津市）に入り、宮津湾に面した新城の築城を開始する。これが、宮津城である。丹後府中と宮津のほぼ中間地点に位置する弓木城（京都府与謝野町）には、丹波守護一色義定（義有）がおり、細川氏とは対等の関係にあった。

細川氏は丹後国内の与謝・加佐の二郡を、一色氏は中・竹野・熊野の三郡を支配し、隣国丹波を領有した明智光秀が彼らを統率した。光秀は、両氏の緊張関係を和らげようと、藤孝の息女伊也を一色義定に嫁がせている。

信長の指示によって宮津築城は急ピッチで進められるが、光秀も援助したようである。これは、光秀の織田家中内の立場に加えて、藤孝との年来の交友関係、さらには忠興が息女玉子（後のガラシャ夫人）の婿だったことにもよるであろう。

現在、宮津城跡は市街地化が進み、わずかに本丸北部石垣の一部が残存するほか遺構は消滅している。ただし、太鼓門が整備されて宮津小学校正門に、本丸玄関が愛宕神社本殿（与謝野町）に移築され、現存するのはありがたい。近年、大手川沿いに城壁が一部復元され、かつての宮津城を偲ぶことができるようになった。

細川父子と玉子が、新城に入ったのは天正九年（１５８１）三月のことだった。翌天正十年六月二日に本能寺の変が発生するが、細川・一色両氏の対応はまったく異なったといわれる。一色氏は光秀に従い、細川氏は味方せず、その結果、同年九月に義定は細川藤孝に宮津に呼び出されて謀殺された。

私は、細川氏の丹後支配にとって、かねてから一色氏が障害となっていたため、政治混乱に乗じてだまし討ちを行なったとみている。謀殺事件が、本能寺の変後三か月も経っていることからも、不自然である。これによって、丹後一色氏は滅亡したのであるが、後に細川氏はその祟りを恐れ、城内に鎮魂のために一色稲荷を建立した。

ところが、一色氏の一族が私の故郷愛媛県に落ち延びたという伝承があるので紹介しよう。伊予一色氏の系譜については、伊予西条藩（三万石、紀伊徳川家の連枝）の藩儒日野和煦《こてる》（藩校択善堂《たくぜんどう》教授）が編纂し天保十三年（１８４２）に成立した地誌『西条誌』の「周布《しゅうふ》郡周敷《すふ》村大庄屋一色太郎九郎」の項に、次のような記載がある。

すなわち「先祖宮内少輔公深と云もの、三河国吉良庄一色村より出、子孫其村名を取て氏とし移ツて丹後国宮津の城に居、右馬三郎重之と云もの、天正年中、宮津の城を落て当国に来り、高外木《たかとぎ》城の石川氏に客たり、後に周布郡周敷村三谷の城主荒井藤四郎を討ちて、其地を領すと云」と記されている。

『西条誌』は、一色重之が丹後一色氏の一族にあたり、天正年中に丹後宮津城から伊予高峠城（愛媛県西条市）に落ち延びたという。高外木城とは、伊予新居郡の守護所高峠城の別名で、当時在城したのが石川通清であり、重之がその食客となったとする。

これを証明する一次史料は伝存しないが、光秀やその家臣の縁者が、山崎の戦いの敗戦後に土佐の長宗我部氏やその同盟者である伊予新居郡金子氏のもとに亡命したことが知られている。

したがって、一色重之がこの時期に長宗我部氏とも入魂で金子氏の主家筋だった石川氏のもとに身を寄せたとしても、さほどの違和感はなく興味深い。確かに、愛媛県には現在も一色姓の方は多い。

■ガラシャ夫人の悲劇

一色氏を謀殺した細川氏であるが、一貫して反光秀の立場を貫いたことになっている。そのため人生が暗転したのが、忠興の妻玉子だった。宮津市内の大手川ふれあい公園には、細川ガラシャ像が建っている。ここで、玉子のプロフィールを概観したい。

玉子は、永禄六年（1563）に越前一乗谷にほど近い東大味《ひがしおおみ》（福井市）の地で誕生した。光秀が、戦国大名朝倉義景に仕えていた下積み時代である。父光秀は、やがて一乗谷に亡命してきた足利義昭の近臣となり、永禄十年に義昭とともに岐阜の信長のもとに出向いた。

翌永禄十一年には信長が義昭を奉じて入京し、室町幕府が復興した。その後、光秀は信長の家臣となり、近江坂本城（大津市）を預けられ、さらには丹波を領有する重臣にまで上り詰めた。玉子は、信長の仲介で天正六年八月に十六歳で細川忠興の許に嫁す。

この結婚を勧めた書状で、信長は光秀の知謀と藤孝の文武兼備を褒め、忠興については器量に優れ将来は武門の棟梁になる人物であるとまで持ち上げている。婚儀は藤孝の居城山城勝龍寺城《しょうりゅうじ》（京都府長岡京市）で行なわれ、子宝にも恵まれて結婚生活は順風満帆だった。ところが、本能寺の変の直後に、光秀の息女という理由から玉子は夫忠興によって明智領味土《みど》野《の》（京都府京丹後市）に幽閉されてしまう。

　味土野は、丹後半島のほぼ中央に位置する山間の地である。国道六五五号線の終着点で、山深いこの地に人家は途絶えている。確かに「幽閉」という言葉に合致する環境であるが、「御殿」「女城」などの地名が残っていることから、それなりの施設があったと考えるべきだろう。信頼性にはいささか難があるが、江戸時代中期に成立した『明智軍記』によると、同地には明智家の茶屋があったという。

　江戸時代、諸大名は領内の要衝に茶屋を設けた。これは、一国一城令によって領内に支城を維持することができなかったための方便でもあった。先の伝承地名「御殿」「女城」も、ここに城郭のような施設があったことを示唆するものではないか。

　そうすると、玉子の味土野行きは、細川氏の光秀縁者としての関係を絶ったことを広くアピールするのと同時に、彼女の命を守るという意味あいもあったのではなかろうか。要するに、ほとぼりが冷めるのを静かに待つための方策だったとみられる。

　玉子を宮津城内に匿《かくま》えば、細川氏の明智荷担が明白になるし、かといって光秀の許に返すつもりもなかったのであろう。藤孝は玉子の教養を愛していたし、忠興も玉子を手放したくなかったに違いない。

最後に、光秀が藤孝・忠興父子に与えた天正十年六月九日付の三か条の覚書（永青文庫蔵「細川文書」）を紹介したい。直接、光秀の玉子への思いは記されてはいないが、それは十分に伝わって来るであろう。

第一条では、藤孝・忠興父子が信長を悼んで元結い（髷《まげ》）を切ったことに対して、一旦は光秀が腹を立てたと述べながらも、重臣の派遣を依頼している。

第二条では、恩賞として内々に摂津国を考え、上洛を待っていた。もし但馬・若狭両国が希望であれば、優先的に進上するとまで伝えている。

注目すべきは、第三条である。今回のクーデターの目的は、娘婿である忠興を取り立てるためのものであると念を押し、五十日・百日のうちに畿内を平定して地盤を確立した後は、子息十五郎や忠興に引き渡して、「何事も存ず間敷く候」つまり政治から身を引くつもりであると記している。　細川氏一門の忠興を擁立することが、光秀の念頭にはあったのである。

山崎の戦いで敗退したのが、四日後の十三日のことで、戦況が芳しくない時期に認《したた》められたものではあるが、これ以前に将軍義昭との接触もあったことが確認できるので（「美濃加茂市民ミュージアム所蔵文書」「石谷家文書」）、管領家の流れを汲む忠興を重用するというのは、苦し紛れの空手形とは到底考えられない。

義昭の京都復帰と忠興の管領就任が、この段階の光秀の政権構想だったとみられる。光秀は、発作的に天下を簒奪《さんだつ》しようとしたのではなく、室町幕府の復興という、かつて信長を恃《たの》んで実現したことを、もう一度、今度は忠興や十五郎に託そうとしたのだ。

丹波において本能寺の変は、結果として細川氏を丹後国主へと押し上げたが、忠興と玉子の夫婦間に大きな溝をつくることになった。これが、後の玉子のキリスト教入信、さらには関ヶ原の戦いにおける死へとつながる悲劇の序曲となったのである。

第一部

動乱から泰平へ

一　首都外港の繁栄（取材地／越前・若狭）

■「けいさん」に参拝する

越前の一宮・氣比《けひ》神宮にお参りした。久しぶりに「けいさん」（地元での通称）の鳥居の前に立つと、金ケ崎城や天筒山《てづつやま》城が見通せるばかりか、立派な街道に面しており、かつての町の中心といってよい立地にあることに気づく。

思わず見上げる立派なこの鳥居は、第二次大戦の空襲を免れたもので、国の重要文化財に指定されており、奈良の春日大社や広島の厳島《いつくしま》神社の大鳥居とともに「日本三大鳥居」にも数えられている。

境内を散策すると、金ケ崎城から天筒山城にかけての山並みを借景にしているように感じられた。そうなのである。南北朝時代には宮司の氣比氏治《うじはる》が金ケ崎城を築いて奮戦したが、北朝方に敗れ一門は討ち死にしたという。

やはり、一体の関係にあったのである。なお、中鳥居の右手前には「旗掲松《はたかけのまつ》」があった。

延元元年《えんげん》（1336）に氏治が南朝の後醍醐天皇を迎え、氣比大明神の神旗を掲げた松といわれる。

氣比神宮をゆっくりと参拝した後に、私たちは金ケ崎城跡をめざした。海岸から垂直にそそり立つ山容が特徴的で、市内からよく見通せるランドマークである。城跡の麓には、敦賀《つるが》港《こう》駅跡がある。隣接するモータープールに駐車して、ここから城攻めである。

金崎宮《かねがさきぐう》の参道を登る。城跡の麓にある神社で、約四〇〇本ものソメイヨシノがあり、市民からは桜の名所として知られているらしい。ここが城内では一番広い場所ということで、それなりの施設があったと思われる。

■「金ケ崎の退き口」の舞台

金ケ崎城が知られるのは、南北朝期と織豊期の二度である。第一回目が、延元元年（1336）に恒良《つねなが》・尊良《たかなが》両親王を奉じた新田義貞と足利勢との戦いだ。親王らは籠城から半年後、城に火を放ち自害した。金崎宮には、両親王が祀られている。

二度目は、有名な「金ケ崎の退《の》き口」である。元亀元年（1570）四月、朝倉義景攻撃のために織田信長が金ケ崎城を落城させた時、近江の浅井氏の裏切りの報が入ってきた。前方に朝倉、後方に浅井と窮地に陥った信長だったが、しんがりをつとめた木下（後の豊臣）藤吉郎の活躍で、湖西の朽木《くつき》越えで無事帰京できたという事件である。

これは、後の秀吉の台頭を暗示する武功としてよく知られている。かつての大河ドラマでは、これに徳川家康の手助けのシーンも入れて、秀吉・家康という後の天下人たちの美談とした。実は、明智光秀もしんがりをつとめているのであるが、どういうわけかあまり描かれることはなかった。

現在の城跡は、最終段階の姿をとどめている。私たちは、金崎宮から城跡をめざした。想像以上に厳しい山城《やまじろ》である。途中には古墳がいくつもあり、古代以来使用されてきたことを、案内人をお引き受けいただいた奥村香子さん（敦賀市教育委員会）から教わった。

私たちは、ようやく月見御殿といわれる最高所（海抜86m）に到達した。ここは、断崖絶壁の先端に位置する。確かに、月ばかりか敦賀湾も一望でき、御殿のような施設が営まれてもおかしくないと思わせるものがあった。

それから、私たちはいくつかの曲輪《くるわ》や大規模な堀の遺構を確認しつつ下山していった。海からの攻撃に備えた天然の要害である。ただし、各曲輪は小規模で居住性は低いといわざるをえなかった。城主は、普段は金崎宮もしくは山麓に居館を構えていたに違いない。

■足利義満と名刹・西福寺

初日の最後にうかがったのが、浄土宗の古刹《こさつ》・西福寺《さいふくじ》である。山門から入るなり、重要文化財の本堂をはじめとする重厚な建物群に圧倒された。開山は良如《りょうにょ》上人である。諸国行脚の道すがら近江路を経て敦賀に来た折り奇瑞に遭遇し、ここに一宇を建立したことに始まるという。寺伝によると、ただちに朝廷の許しを受け、将軍足利義満の助力を得て堂塔を完備し、「大原山西福寺」の寺号を勅賜《ちょくし》され勅願寺となったとされる。

私たちは、本堂を参拝した後、早速、国の名勝庭園として有名な書院庭園を拝観した。徳川中期のものといわれる一四〇〇坪もの広大な庭園で、極楽浄土を地上に表現したという。中世には広大な寺領をもっており、近世には福井藩から手厚い保護を受けたのが大きかった。山内には、書院（結城秀康《ゆうきひでやす》寄進）、鬱金桜《うこんざくら》（福井藩2代目藩主松平忠直寄進）、また宝物として越前松平家との関係を示す貴重な古文書・文化財が伝えられており、徳川歴代将軍の位牌も奉られている。

西福寺をあとにした私たちは、再び海岸方面に向かった。宿泊したのは、海岸沿いの旅館だった。ここからは、敦賀湾が実によく眺望できる。特に金ケ崎城の北面の絶壁はすばらしい。とても登ることなど不可能だったであろう。

もう一つの敦賀の城郭といえば、大谷吉継が五万石を得て入城した敦賀城である。前城主は蜂屋頼隆で、金ケ崎城は手狭だったことから、現在の敦賀西小学校付近に平城《ひらじろ》として築城した。三層の天守が営まれたことなどがわかっているが、一国一城令で廃城になり、その後は奉行所として維持されたようだ。戦前までは移築された城門もあったが、戦災で焼失してしまい、現在は市街地となってかつての遺構はほとんど失われている。

なお江戸時代の敦賀は、徳川家康次男の結城秀康を藩祖とする福井藩の領地になる。結城福井藩が二代で改易になった後は、小浜藩酒井氏の領地となった。天和二年（1682）に二代藩主酒井忠直の次男忠稠《ただしげ》が、父の死去に伴い一万石を分与されて敦賀藩が立藩した。藩庁は、鞠山《まりやま》陣屋（敦賀市鞠山）に置かれて幕末を迎えた。当地は、大藩である福井藩と小浜藩との間で揺れ動いたのである。

■国宝の新羅鐘

越前の旅二日目に訪れたのは、敦賀湾に面した常宮《じょうぐう》神社だった。元来、氣比神宮の摂社であり、江戸時代に独立して当地に遷座したという。まず向かったのは、戦前以来の国宝の朝鮮鐘が納められている収蔵庫である。

この鐘は、文禄二年(1593)六月の晋州城《チンジュソン》の戦いに参陣した大谷吉継(あるいは加藤清正とも)が戦利品として朝鮮国から持ち帰り、慶長二年に豊臣秀吉の命令で吉継が当社に寄進した新羅鐘という。

その理由は、当社が神功皇后《じんぐう》を祭神としていたことによる、と筆者は考える。秀吉は、対外戦争に臨んで士気を鼓舞するために神国思想を強調した。日本人のアイデンティティーを、仏教でも儒教でもなく、神道に求めたのだ。確かに、神国思想は蒙古《もうこ》襲来に際しても鼓舞されたのであるが、今度は対外出兵に際して主張されることになったのだ。

日本各地に蟠踞《ばんきょ》していた武士団が、秀吉の命令によって豊臣大名のもと朝鮮半島に出兵し、長期にわたる遠征を余儀なくされたのである。方言のため意思の疎通も十分ではなかった彼らではあるが、記紀神話にもとづく神国思想は、異国の地に置かれた者同士が結束するために要請されたイデオロギーだった。

とりわけ、神功皇后が新羅出兵を行ない、朝鮮半島を服属下においたとされる「三韓征伐」は、もっとも受け入れられやすい物語だったに違いない。したがって、朝鮮とのつながりがある国際貿易都市・敦賀に鎮座する神功皇后を祭神とする常宮神社に着目して新羅鐘を寄進したというのは、うなずけるのである。

なお、朝鮮鐘は現在のところ国内に五十口近く伝存する。たとえば、藤堂高虎が持ち帰ったとされる伊予出石寺《しゅっせきじ》（愛媛県大洲市）のものが有名である。これは、重要文化財に指定されており、高麗王朝（９１８〜１３９２年）の時期に朝鮮半島で鋳造されたという。サイズは常宮神社のものより小ぶりで、総高89・０cm、口径55・７cmというものであり、今も現役である。

常宮神社の収蔵庫に収められた鐘は、新羅鐘と呼ばれている。鋳造年代は、新羅興徳王八年すなわち八三三年説が有力である。一見して、独特の形態から朝鮮鐘であること、加えて諸所に傷みもあることから、素人目に見てもきわめて古いものであることがわかる。総高１１２・０cm、口径66・７cmの、立派な鐘である。その表面を観察したが、美しい飛天が印象的だった。雲の上に座し、天衣の裾をなびかせ両手を広げてチャング（長鼓）を叩こうとしている姿は、まことに優美である。

朝鮮鐘を見学した私たちは、敦賀湾に向かって鎮座する本殿をめざした。拝殿は海岸に接しているから、船に乗ったまま参拝できたであろう。まさに、東アジアを意識した神社だったことがわかるのである。

敦賀は、北国の玄関口であるが、山越えをして近江に入り、京都方面や東海方面へと人やモノが向かう集散地でもあった。これに関連して指摘しておきたいのは、信長時代には安土の外港としての位置づけがあったことだ。

安土は、東海道や東山道（後の中山道）からは離れている。ここには、城内の船着以外にも豊浦湊《といらみなと》と常楽寺湊があり、湖上水運を意識した立地となっている。これらの湊からは、安土から塩津や大浦を経て敦賀へ向かう太いパイプがあったと考えられる。

信長が京都ではなく安土を選んだのは、とりわけ北国の良港を通じて東アジアさらには南欧と結びつこうとする意志があったからに違いない。海賊が出没する瀬戸内海よりも、敦賀のほうが中国や朝鮮半島がはるかに近かったからである。

安土に政権都市を置いたのは、天下統一後をにらんだ信長が、国際社会を意識していたからとみている。本能寺の変がおこらず信長が生存していたならば、敦賀は安土の外港として日本を代表する国際港湾都市へと成長したのではないかと想像する。

■歌所・後瀬山

敦賀から小浜までの間には、気山津《きやまのつ》・古津・西津と中世以来栄えた港町が続く。若狭湾には、奥羽や蝦夷地《えぞち》から、また西国はもとより中国や朝鮮国さらには南蛮国からの船舶が入港した港町が点在していた。江戸時代に北前船が登場する以前、これらの若狭湾の港町が、東西の日本海流通を中継していたのである。

私たちは、敦賀を離れて一路小浜をめざした。到着したのは、小浜市立図書館だった。ここで、小浜城下町を描いた「小浜町図」（酒井家文庫）をはじめとする古絵図や古文書の数々を閲覧させていただくのである。

筆者は、以前から小浜では中世と近世が同居していたことに興味をもっていた。つまり、中世守護所の後瀬山《のちせやま》城とその山麓居館が、藩政時代になっても活用されたからである。実際に「小浜町図」を拝見すると、守護武田氏の居館跡が小浜藩主酒井家墓所の空印寺《くういんじ》になっており、中世以来とみられる堀が巡らされている。

なお、明治時代まで、この堀は残存したそうで、正面が幅五・五m、西側が幅十三mもあった。中世には、二重堀だったともいわれており、内側には大規模な土塁が巡らされていた。また、後瀬山城には城割《しろわり》された形跡がないという情報もある。

実は、小浜に到着した後、後瀬山の見目麗しき山容が、筆者を捉えて放さなかった。「後瀬山　後も逢はむと　思へこそ　死ぬべきものを　今日までも生けれ」。『万葉集』にも詠まれた歌所を訪ねないのはまずいのではないか、という心の声がどんどん大きくなってきた。

そこで、筆者は古文書閲覧の後に無理を承知で、予定にない後瀬山への「登城」をみなさんにご提案した。本日の残りの時間は町歩きになっていたのだが、随行予定の市職員のみなさん、そして城好きの編集者Iさんら「半島をゆく」スタッフも含めて、快くお引き受けいただいた。

廃城後に本丸に鎮座した愛宕神社の参道として敷設された道が、もっともオーソドックスな登山ルートになっているが、往時のものではない。登り口に到着した私たちは、標高一六八mということから、一気に登れるかと思っていたのだが、甘かった。意外にきつかったのである。

■若狭武田氏と甲斐武田氏

後瀬山城の城主である若狭武田氏は、本家の甲斐武田氏は超有名であるが、残念ながら一般的にはあまり知られていない。甲斐武田氏の分家である安芸武田氏から分かれた家系である。一族間の付き合いは戦国末期まで続いたようで、武田信玄が若狭武田氏を気遣っていたこともわかっている。

若狭武田氏は、安芸武田氏四代の武田信繁の子息武田信栄《のぶひで》が、将軍足利義教の命を受けて永享十二年（1440）に一色義貫《いっしきよしつら》を誅殺した恩賞として若狭守護職を得たことに始まる。後瀬山城は、大永二年（1522）に武田元光によって築城された若狭最大規模の山城である。

当城は、隣国丹後方面に配慮した縄張《なわばり》を採用し、大小九つのブロックの曲輪群と多数の堀切・竪堀《たてぼり》が確認されている。本来の登城は、空印寺の裏から登る道を使ったようだが、鉄道（小浜線）敷設のため削り取られたらしい。

城の縄張は、居館を守るように左右に曲輪群が形成されて本丸に至るという、いわゆる「鶴翼《かくよく》」のプランである。元来は、石垣を使用しない典型的な中世山城だったが、天正元年に丹羽長秀が国主となって以降、浅野・木下・京極と続く歴代城主が本丸を中心に石垣普請《ぶしん》したものと推測される。

慶長五年（1600）の関ヶ原の戦いによって、京極高次は若狭一国八万五〇〇〇石を得て近江大津から転封した。彼は海岸に面した竹原の地を選び築城を開始した。後の小浜城である。ただし、子息忠高の代に及んでも工事の進展はみなかったようで、相変わらず後瀬山城を使用していたとみられる。寛永十一年（1634）、京極氏に替わって入国した酒井忠勝の代から本格的な築城工事がなされたのである。

ところで、なんとか本丸まで登りきった私たちだったが、みなさん一様に「来てよかった！」と思ったようだ。本丸とその周辺の石垣遺構の立派さに驚くとともに、その残り具合のよさに感心したからである。往時は、はるか海上からでも山上の石垣と建造物を望むことができたであろう。

小浜築城が進捗《しんちょく》しなかった理由は、石材不足によるものだったという。そうであるならば、至近の旧城後瀬山城から転用するのが一番である。ところが、後瀬山城の本丸を中心とする遺構の保存状態がよいということは、その後の藩政時代にも管理されていたとみるべきであろう。

おそらく、建築物や石垣を移して廃城にしたところで、敵対勢力が侵入すると、確実に後瀬山を占拠して小浜城に対する陣城を普請するであろうから、藩側が「古城」として管理していたと推測される。江戸時代において幕府や藩は、戦国・織豊時代の城郭を規模を縮小するなどして「古城」として維持していたことがわかっている。

■光秀に味方した若狭武田氏

若狭が近世を迎えるきっかけになったのが、丹羽長秀が国主となった天正元年（1573）

である。筆者は、丹羽氏から京極氏までの約八十年間に、若狭において近世化が段階的に進んだとみている。近年、長秀の若狭支配については議論が深まりつつあるので紹介したい。

天正元年に隣国越前の戦国大名朝倉氏が、信長の攻撃を受けて滅亡した。これまで、武田信豊―義統―元明の三代は、一族間に内紛が相次ぎ、国内における求心力を失っていた。しばしば親子で対立し、国内勢力を分断する事態に直面し、その機に乗じて武田元明を一乗谷に拉致するなど、朝倉氏が露骨に若狭への侵入を繰り返していた。

戦国時代において、三郡からなる若狭国内の有力勢力は、中央に位置し半国規模の遠敷《おにゅう》郡に守護武田氏、三方《みかた》郡の粟屋氏、大飯《おおい》郡の逸見《へんみ》氏である。朝倉氏が滅亡した結果、元明が帰国し若狭一国は武田氏を旗頭にまとまる条件を獲得したが、信長は、丹羽長秀に若狭を任すことにした。

長秀は初期には若狭に入国して支配を行なったようであるが、天正四年からは安土城普請と佐和山城の管理、天正八年からは大坂城普請というように、信長の側近として他国にあった。そのため、信長からは尾張時代から長秀と入魂《じっこん》だった溝口氏が派遣され、国務を代行したのであった。

天正九年には逸見氏が途絶えて、その後継者として溝口氏が位置づけられた。それに加えて、長秀は息女を粟屋氏に嫁させて良好な関係を築いており、武田氏を利用しながらも、国内支配を着実に深化させていった。

長秀にとって武田氏は、あたかも浅井氏にとっての北近江の守護京極氏と同様な存在だった。武田元明は、小浜の神宮寺に入っていた。中世勢力との協調によって、長秀の若狭支配は安定していたのである。ところが、これが仇《あだ》になったのが本能寺の変だった。

母親が足利義晴の娘だった関係から、義昭に呼応して明智方となった元明は、変直後に若狭衆を従えて出陣し、長秀の近江佐和山城（滋賀県彦根市）を乗っ取ったのである。若狭にもそれに呼応し蜂起した武田牢人衆が、国吉城（福井県美浜町）の溝口氏を攻撃したりするなど、一国は混乱状況に陥ったことが、新発見の「溝口文書」から明らかになった。

当時、大坂城に籠城していた長秀であるが、越前北の庄城に帰還した柴田勝家と連携して光秀方を攻撃しようとするが、羽柴秀吉が「中国大返し」によって上方に帰還するまで、城外に出ることすらかなわなかったのである。

このような武田氏復権のチャンスも、たちまち暗転する。山崎の戦いによって光秀が敗退した後、元明は近江国海津の法雲寺（滋賀県高島市）に呼び出され、謀殺されてしまう。天正十年七月十九日のことだった。ここに、若狭武田氏は滅亡したのである。

■丹羽長秀の居城

後瀬山城を下山した私たち一行は、旧小浜城下町を散策した。江戸時代初期に京極高次によって東西二組に整備された城下町は拡大し、貞享元年（1684）には東組・中組・西組の三地区へと変更された。

小浜は、中世城下町（守護所）を利用しながら近世城下町へと改造して形成された都市である。全国的にみると、天険を恃《たの》んだ織豊系城郭とその城下町は、江戸時代の慶長年間から寛永年間にかけて、平野部や海岸部へと移転することが多いので、小浜は山城から平城へと政庁は移動しつつも、城下町は埋め立てを繰り返しながら東側へと拡充されたケースとみることができよう。

大きく場所を移転しなかった理由は、もともと京都の外港とも言える日本海の良港だったことによる。小浜からは、京都へと結ぶ「鯖街道《さばかいどう》」があったからである。そもそも鯖街道とは、若狭で陸揚げされた鯖を京都へと運ぶ複数のルートの総称である。

その代表が、小浜から熊川宿《くまかわじゅく》（福井県若狭町）を経由して滋賀県の朽木谷《くつきだに》（高島市）を通り、京都の出町柳に至る針畑《はりはた》越えだ。古来、新鮮な海産物を少しでも早く届けることで、小浜は繁盛してきた。

ここでふたたび取り上げたいのが、後瀬山城主となった丹羽長秀である。長秀こそ、小浜において城郭と城下町の近世化を開始した武将と判断するからである。彼については、隣国越前を任された柴田勝家と並んで有名であるが、勝家のような方面軍の一翼を占める宿老とは異なる立場だった。

長秀のキャリアであるが、近江では元亀二年（1571）に近江佐和山城（滋賀県彦根市）を預かり、加えて天正元年（1573）九月には、若狭一国を預けられ、織田家臣で最初の国持大名となった。

長秀は、柴田勝家と並び称されることが多く、織田家のナンバー2と評価されることさえあるが、筆者はそうはみない。勝家の支配する越前は、八郡もある大国である。彼は、前田利家や佐々成政《さっさなりまさ》らを与力大名として従えて、越後の上杉氏と対決しながら領地を北へと拡大していった。

これに対して、長秀は基本的に在国せず、君側《くんそく》にあることが多かった。安土城普請を任されるなど城郭普請を得意とし、熱田大工の岡部氏や近江の石工《いしく》集団・穴太衆《あのうしゅう》を組織した。また佐和山城については、正確には城主としてではなく代官としての支配だった。佐和山城は、信長が京への行き帰りに宿泊することが多かったから、公儀の城として位置づけられており、その城領とともに管理を任されていたのだった。

そもそも、信長と尾張出身の長秀との関係はきわめて親密だった。年齢は長秀が信長の一つ下であり、信長の養女(姪)を正室とし、嫡男長重も信長の息女を正室としている。親子共々、信長に近い存在だったのだ。つまり、近習のまま大名化した存在とみることができるのである。それに対して、勝家・光秀・秀吉といった宿老層は、最前線に派遣され何人もの与力衆を率いて敵対大名と戦い、織田領国の拡大を任されたのである。

筆者は、長秀を近習からの出世頭と位置づけている。本能寺の変がなかったならば、天正十年中に天下統一が実現し、それを受けて宿老層の遠国への国替が強制され、信長の一門・近習たちが畿内とその周辺で大名として独立していったと予想される。つまり長秀のような存在が広く存在するようになり、信長は彼らを政権基盤として位置づけ、さらに専制化するつもりだったのであろう。そうなると、長秀の立場は上昇したはずだ。

長秀は、終生、佐和山城主だったように理解されている。しかし、上述のように当城は代官として預かっていただけて、あくまでも本城は後瀬山城だったのである。現在残る山上の石垣や城下町の町割りの一部は、おそらく長秀時代まで遡《さかのぼ》るであろう。

■海の道

旅の三日目は、日本遺産の第一号として指定された鯖街道に関わる重要ポイントにお邪魔した。小浜から車で約一時間かけて根来坂峠《ねごりざか》付近まで行き、往時の街道を歩いてみたのであるが、結構厳しい峠道のつづら折れが続いていることを確認した。古《いにしえ》の小浜商人は、鯖をはじめとする海産物を背負い、一日もしくは二日程度で京都へと届けた。現在ここはトレッキングコースとして整備されており、春秋の休日には多くの古道ファンで賑わうそうだ。

上根来《かみねごり》には、古民家を活用した休息所が設けられている。それが、「鯖街道御休処　助太郎」である。明治時代に建てられた民家で、風雪に耐え抜いたしっかりとした材木が用いられ、囲炉裏を囲む山村の生活が体感できる施設であり、外には氷室《ひむろ》もあった。

最後に訪れた古刹羽賀寺《はがじ》では、海の道について考えさせられた。当寺は、霊亀二年（716）に女帝・元正《げんしょう》天皇の祈願によって行基《ぎょうき》が建立し、現在の本堂は文安四年（1447）に再建されたもの。有名な本尊の十一面観音像は、行基が元正天皇をモデルに造ったといわれる。拝観させていただいたが、確かに女性的な柔和な姿だった。

筆者が注目したのは、本堂に並んで安置された安東愛季《ちかすえ》像と秋田実季《さねすえ》（愛季次男）像である。

愛季像は、承応二年（1653）六月に造られたもの。衣冠束帯《いかんそくたい》形で、そのスケールは像高75cm、袖幅81cmで、彩色が残る。実季像は、江戸初期のものといわれる僧形像であり、スケールは像高61・5cm、袖幅105・5cmで、これにも彩色が確認される。

「羽賀寺縁起」（誠仁《さねひと》親王作）によれば、当寺は応永五年（1398）と永享七年（1435）と二度におよぶ火災によって、三重塔や本堂などを焼失したという。その再建に活躍したのが奥州十三湊《とさみなと》の日本《ひのもと》将軍安東氏だった。この二体は、羽賀寺の本堂を再建した由緒により安置されたものとみられる。

彼は、若狭守護武田信賢《のぶかた》の子息として青井山城（小浜市）で誕生したが、後に上国花沢館《かみのくにはなざわだて》の蠣崎季繁《かきざきすえしげ》の女婿となって蠣崎氏を継いだという。このあたりは伝承であり、必ずしも信憑性はないが、羽賀寺の再建についても若狭と奥羽・道南地域との交易を物語るものであろう。

小浜の地勢とも関わって想起されるのが、寛政年間頃に組屋家当主・組屋邦彦が古屏風の反故《ほご》のなかから発見された豊臣秀吉の唐入り構想が記されている（天正二十年）五月十八日付の秀吉右筆《ゆうひつ》・山中長俊が北政所《きたのまんどころ》の侍女に宛てた書状である。二日目に小浜市立図書館で拝見した古文書であるが、小浜の商人司で豊臣政権とも深いつながりがあった同家ならではの伝来史料であろう。

コラム11——環日本海流通（取材地／島根半島）

■尼子氏と美保関

一八九八年建設の山陰最古の美保関《みほのせき》灯台は高さ十四mで、水面からの高さは八十三mもあり、世界の歴史的灯台一〇〇選にも登録されているという。二〇〇七年には、灯台としてははじめて国の有形文化財に指定された。フランス人の指導により建設された石造りの純白の灯台は、山陰の蒼海に孤高の美しさを放っていた。

岬から見える鳥居がある小島は沖の御前島《ごぜんしま》で、美保神社の飛地境内地である。美保神社の祭神えびす様が釣りを楽しんだ所といわれている。今も、島根県を代表する磯釣りポイントだそうだ。しばらく雄大な海原をながめながら、私はかつて日本海を行き交った和船の船影を想像した。

中世の美保関には海関《うみぜき》が置かれ、大小の船々が集い殷賑《いんしん》を極めた。ここは、宍道湖《しんじこ》に接続する中海《なかうみ》と日本海を結ぶ環日本海流通の結節点だった。美保関を支配したのは、中海に突き出た小高い山（『出雲国風土記』に「砥神嶋《とかみしま》」と記される）を要塞化した十神山《とかみやま》城（島根県安来市）

の海賊領主松田氏だった。

『海東諸国記《かいとうしょこくき》』（※）には、応仁元年（1467）に李氏朝鮮に使者を遣わした人物として「出雲州見尾関処松田備前太守藤原朝臣公順」という記載がみえる。「見尾関」とは美保関をさし、松田備前守が美保関を支配していたことを示している。地元領主の松田氏は、朝鮮国まで知られる存在だったのである。

美保関は、出雲のみならず中国地域を代表する港湾都市であり、元来は出雲守護京極氏の所領だった。守護に納める「美保関公用」の請負額は、年五〇〇貫文（現代に当てはめると約5000万円から7500万円に相当する）だったことからも、守護の財政にとってかなり重要な位置を占めていたものと思われる。

守護京極氏は、四職家《ししきけ》（室町幕府の侍所長官に任じられる家）に属する名門大名だった。同氏は「ばさら大名」佐々木道誉《どうよ》で有名であるが、本領である北近江のほか出雲・隠岐・飛騨の守護職も兼帯していた。出雲は、その一族で近江国甲良荘《こうらのしょう》尼子（滋賀県甲良町）を本拠とする尼子氏を守護代として統治を任せていた。

山陰を代表する戦国大名として有名なのは、尼子経久《つねひさ》であるが、彼は守護京極政経によって文明十六年（1484）に守護代職を解任され、守護所月山富田城《がっさんとだ》（島根県安来市、国史跡）

※李氏朝鮮の申叔舟《シン・スクチュ》が、成宗《ソンジョン》の命により1471年に著した日本や琉球などについて記した歴史書

を追われる。

それに替わって地元出身の塩冶《えんや》氏が当城に入城したが、文明十八年に奇襲によって経久が奪還し、ここを本拠に戦国大名化を遂げていった。しかしその第一歩は、尼子経久の父清貞による美保関を握る松田氏との対決だったとみるべきである。

■美保関の掌握

応仁・文明の乱が始まると、松田氏は尼子清貞に対抗して西軍山名方（反京極方）に属し、近隣の諸領主層を広く組織して戦った。しかし、応仁二年に清貞は「美保郷ならびに美保関」を軍事制圧し、守護京極持清から「美保関代官職」に補任される。

これは、美保関支配にとってきわめて重要なできごとだった。同時に清貞は、松田氏の本領安来領家分代官職も宛行《あてが》われたから、松田氏の勢力圏にあった出雲東部の諸領主を自らの家臣団として編成してゆくことになる。したがって松田氏に勝利した応仁二年は、尼子氏の戦国大名化の第一歩だったと言えよう。

松田氏ら海上勢力は、中世出雲の支配を考えるうえで重要な存在だった。永正十五年（1518）十一月の美保神社末社客殿神社の棟札銘に、美保関の代官として「湯原吉綱」「多和田重武」らが登場するが、いずれも宍道湖や中海に関係した海賊衆だったと推測される。彼らの編成も、尼子氏にとって重要だった。

ところで看過できないのは、尼子氏に敵対した松田氏の連合軍に「三沢氏代官」として福頼氏の名があり、出雲最大の国人勢力である三沢氏も援軍を派遣していたことがわかるのである。三沢氏は、西遷地頭飯島氏の末裔であり、室町時代には現在の仁多郡・雲南市南部・安来市南部にわたって広大な所領を経営する、出雲最大の国人領主だった。

地元島根大学教育学部教授の長谷川博史さんは、尼子氏研究の第一人者である。そのご研究によると、尼子氏は、**応仁・文明年間の松田氏制圧＝美保関掌握→十六世紀初頭〜天文年間初頭の塩冶氏掌握・討滅＝塩冶郷掌握→天文十年代の三沢氏への圧迫＝横田荘掌握**という三画期を経て、出雲一国規模に権力を拡大していったとされる。

実に説得的なご見解である。私は、出雲ならではの鉄生産の掌握と幕府との関係に興味をもった。近江出身の守護代家が、地元の国人領主に対して優越性をもち正統性を主張するには、他を圧倒する経済力の獲得と、室町幕府とのパイプがものを言ったと考えられるからである。

■出雲の鉄

ここで注目したいのが、鉄生産についてである。三沢氏が中核的所領とした斐伊川《ひいかわ》最上流の横田荘は、古代以来の良質な鉄の産出地だった。言うまでもなく、鉄は刀剣の原材料であり、鉄炮をはじめとする火器生産にとっても必要不可欠となる。

尼子経久は、永正十一年に横田荘を攻撃したのを皮切りに三沢氏を圧迫した。そして天文十二年（1543）八月に、同荘を直接支配することに成功する。長谷川さんの研究では、三沢氏を従えた同年以降、尼子氏が最も強大化する時期と結論づけておられる。尼子氏による横田荘支配と三沢氏の従属化は、鉄生産とその輸出を尼子氏が掌握したことを意味する。同氏の戦国大名化の経済的側面は、このことと密接に関係しているだろう。

中世において美保関が繁栄したのは、鉄の輸出港としての側面を見過ごすわけにはいかない。この鉄は、後に美保関から若狭小浜などを経由して近江国友村（滋賀県長浜市）にもたらされ、鉄炮製造に貢献したといわれる。出雲の地は、中国地域を席巻した戦国大名尼子氏を誕生させたのであるが、やがては信長ら天下人による天下統一にも大いに貢献することになるのである。

尼子経久は、天文六年（1537）に家督を孫の晴久（詮久）に譲った。晴久の時代に尼子氏は全盛期を迎え、家格を上昇させる。天文二十一年には、将軍足利義輝より因幡《いなば》、伯耆《ほうき》、備前、美作《みまさか》、備後、備中（四月）および本領である出雲・隠岐両国（六月）をあわせた守護職を得たのである。

同年三月には有力守護家として相伴衆《しょうばんしゅう》（※）に列し、十二月には従五位下に叙され修理大夫に任ぜられた。尼子氏は、幕府から八か国守護としての実力を認められたのだった。近江出身の尼子氏にとって、国人領主をつなぎとめるためにも中央との太いパイプはぜひとも必要だったのである。

中国地域の大名権力は、毛利氏に先行して大内氏や尼子氏が台頭した。それは環日本海流通によるところ大であった。出雲の鉄、石見《いわみ》の銀などが、国内ばかりか朝鮮国や明国にまで流通したからである。

これに関連して、富田川河床《とだがわかしょう》遺跡（島根県安来市）から中国・朝鮮陶磁器が出土したことは示唆的である。なお富田川は古名で、現在の飯梨川をさす。尼子氏の居城月山富田城のあった安来市広瀬町の山奥を水源とし、安来市赤江で中海に注ぐ延長三十九・九㎞の一級河川である。

※室町幕府における管領に次ぐ武士の格式、身分を指す。

この城下町遺跡では、昭和四十年代から発掘調査が進められているが、洪水で埋没した跡から、武家屋敷や職人屋敷などから、おびただしい陶磁器片や鉄器類など生活用具を伴って発見されている。私たちが予想する以上に、ここは国際色豊かな城下町だったのだろう。

環日本海地域は少なくとも前近代においては、「裏日本」などではなく「表日本」だったのである。文化は、必ず高いところから低いところに伝播《でんぱ》する。中国・朝鮮からの距離こそ重要なのである。

■伯耆米子城の謎

伯耆米子城（鳥取県米子市）は、無理をお願いして加えていただいた取材地だ。そのくらい訪ねたい城郭だった。この城には、魅力的な謎が詰まっているからである。たとえば、天守が二つあることだ。

私は、山陰の城郭としては、これまで出雲松江城（島根県松江市）と鳥取城に何回かお邪魔している。どちらも、言わずと知れた天下の名城である。

松江城では、国宝で「現存十二天守」（日本の城の天守のうち、江戸時代またはそれ以前に建設され、現代まで保存されている十二天守のこと）のひとつである五層天守に登閣し、江戸時代の城の雰囲気を思いっきり満喫した。この天守は、写真よりも実際に訪れて鑑賞する方が何倍も美しい。

鳥取城は、築城の推移を確かめるために訪ねたことがある。戦国時代の遺構は背後の城山から確認できる。織豊時代のそれは、宮部継潤《けいじゅん》と子息長房が城主だった時代のものであるが、一部の石垣からうかがわれる。江戸時代のそれは基本的には現状の遺構ではあるが、子細に見ると石垣に技術の差が容易に認められる。基本的に、石垣を楽しむ城である。なお、二〇二一年三月になって大手門が復元され話題となっている。

私たちは、「米子がいな祭資料館」近くの枡形《ますがた》虎口《こぐち》から入城した。なかなか大規模な遺構であるが、ここは二の丸の入り口にあたる。

そのまま進むと、移築された旧小原家長屋門が迎えてくれる。藩政時代、鳥取池田藩家老荒尾氏が当城の城代だったが、その家臣の小原家の立派な表門である。陪臣屋敷ながら、相当の規模だったことがうかがわれた。

そこから二の丸を横切り、本格的に城山を登ることになる。高石垣で築かれた二の丸の規模は大きく、往時は藩主の御殿や武器庫・侍部屋などの重要な施設が立ち並んでいた。ここからは、北側の広大な三の丸を見下ろすことができる。この曲輪は、飯山・湊山（本丸のある城山）・丸山の山麓にあたり広大な規模を誇る。大手門や搦手門や鈴門のほか、番士詰所・作事方詰所・馬屋・米倉などが林立していたという。

二の丸から、城山の登城道を本丸に向かう。途中、左手に折れると内膳丸に至る。この出丸は、丸山の山上に普請された二段の細長い曲輪である。ここから本丸に向けて登り石垣が約四十ｍにわたって存在する。

登り石垣とは、山の尾根に沿って普請した竪土塁のことである。文禄・慶長の役（秀吉の朝鮮出兵／１５９２〜１５９８年）の際に豊臣軍が朝鮮国で築城した倭城とよばれる城郭において、山上の城郭と山下の城下町を結んで、横からの攻撃をシャットアウトすることを目指して採用された城郭パーツである。

米子市教育委員会の最近の調査によると、元来登り石垣は、長さ約四十ｍ、高さは三ｍ以上で、かつての長さは約一〇〇ｍ以上だった可能性があるという。瓦が出土していることから、石垣の上に塀なども立っていたようだ。

他の城郭では、加藤嘉明の伊予松山城（松山市）が大規模で有名である。嘉明は、朝鮮に出兵しており、帰陣後、山城を築城するにあたって採用したのだろう。現在、松山城の登り石垣は整備され、城下からの眺めは壮観である。

米子城の場合は、吉川広家が普請した可能性が高い。彼は、天正十九年（1591）に秀吉の命により月山富田城（島根県安来市）に入り、出雲三郡・伯耆三郡・安芸一郡および隠岐一国十四万石を支配することとなった。

広家は、文禄・慶長の役（秀吉の朝鮮出兵）にも出陣し、文禄元年一月の碧蹄館の戦いにも参戦し、さらには第一次蔚山城の戦いで、城を包囲した明将楊鎬率いる明・朝鮮連合軍を撃退している。この頃、広家は国許の米子城の築城を急いでいたのであるが、最新の技術を投入したのであろう。

本丸には、番所跡から遠見櫓跡を経由して入る構造になっている。到達した天守台からは、快晴だと背後に美しい大山、目の前に中海、そして日本海が一望できるという。まさにパノラマ景観である。天守台には、等間隔で大きな礎石が並んでいた。往時は、立派な五重の天守がそびえていたことが、古写真や絵図からも確認できる。これは、中村一忠段階（1600〜1609年）に普請されたものであった。

天守台の南東方向に四重櫓台がある。これは、吉川氏段階に普請されたものであり、その当時は天守とされた。藩では、天守と小天守ということになっているが、実際には二つの天守が並立することになったのである。

知られざる名城として知られる米子城跡。　天守は標高約90mの湊山頂上にあった。

米子城跡。山陰屈指の絶景を楽しむ著者。

金ケ崎城堀切。城は敦賀湾を望む地に立つ。

足利義満ゆかりの古刹・西福寺。見所多し。

「国宝 新羅鐘」をじっくりと鑑賞する筆者。

石垣などの遺構が
良好に残存する後
瀬山城。

羽賀寺に伝わる安東愛季、秋田実
季父子の木像。安東氏の本拠は陸
奥十三湊（青森県五所川原市）。

羽賀寺に伝わる有名な十一面観音像。

二　天下人の古代復興（取材地／紀伊半島）

■古代の士農分離

「国家とはなにか」を考えるために、私たちは奈良の古代都城への旅に出た。「なぜ古代史か？」と言うと、信長や秀吉は古代国家にヒントを得て天下統一を構想した、と年来私は考えてきたからである。紀伊半島は、日本最大の半島である。今回はその付け根の中心部に向かう。

古代において国家の威容を視覚的に誇示するしかけこそ、計画的な政権都市としての平城京や平安京といった都城だった。都市の成立をめぐっては、長らく論争があるという。一般的には、日本最初の都城・藤原京（694～710年）をその嚆矢《こうし》とみるのであるが、纒向《まきむく》遺跡（奈良県）、遡《さかのぼ》って弥生時代の吉野ケ里遺跡（佐賀県）などの大規模な環濠《かんごう》集落、さらに遡って大型高床《たかゆか》建物や大型住居で有名な縄文時代の三内丸山遺跡（青森県）を都市とみる議論さえもある。

縄文集落は、都市というよりも大型集落とよぶべきであることは様々に指摘されている。弥生時代の環濠集落も、大多数の住民が農民や漁民であった可能性が高く、専業的手工業者の存在は疑わしいらしい。しかし、古墳時代になると状況は一変する。

そのシンボルが、奈良盆地の東南部に出現する巨大な前方後円墳《ぜんぽうこうえんふん》である。しかし、これは大和独自のものではなく、北九州や瀬戸内などの地域王権との関係が濃厚であるとみられている。すなわち、巨大古墳の系譜からみても、北九州に邪馬台国《やまたいこく》に由来する勢力があり、それが移動して大和王権の巨大前方後円につながったとみるのである。

私たちは、桜井市纒向学研究センターに寺澤薫氏（同センター長／取材時）を訪ねた。寺澤氏は、箸墓《はしはか》古墳をシンボルとする纒向遺跡を、弥生時代の大規模環濠集落が解体して出現した日本最初の都市と位置づけた研究者である。列島各地からもたらされた搬入土器や、大型住居や祭祀空間の存在など、大規模な遺跡範囲と相まって、政権都市としての要素を積極的に評価されたのである。東アジアの政治情勢を念頭に置いた雄大な議論は、実に説得的だった。

しかし、古墳時代の他の主要遺跡をみても、手工業者たちが都市的な集住区を形成しておらず、王宮自体が大王の代ごとに場所を転々とする段階であり、有力氏族や官人層が大規模に集住したとみることはできない。やはり、古墳時代に都市が存在したとみるのは難しいとするのが大勢のようだ。

そうすると、飛鳥時代の王宮所在地はどうだろうか。飛鳥には、推古《すいこ》期から持統《じとう》期までの約百年にわたって所々に王宮が営まれ、飛鳥寺をはじめとする大規模寺院が甍《いらか》を並べた。過去には、有力氏族や官人たちが一か所に集住した首都「飛鳥京」が存在したとする議論もあったが、いまだに考古学的な実証はできていない。

あくまでも、飛鳥地域に散在する時期の異なる宮や邸宅、寺院などの建造物、市や広場、道路など都市関連遺跡の総称とされている。しかも、この段階の宮都には、藤原京以降の首都に施工された条坊（今でも京都や奈良で見られる碁盤の目状の街区）はなかった。朝廷に出仕する氏族も、多くがその本拠地に居住し、必要に応じて王宮に通ったようだ。

やはり藤原京こそ、古代都市のはじまりだったのだ。天皇の政庁である藤原宮は、宮殿としてはじめて瓦葺《かわらぶ》きの礎石建築を本格的に採用したという。木造建築は腐ることから、礎石を用いると抜き換えが可能となる。これらは、藤原宮が天皇の恒久的な政庁として建設されたことを物語る。

藤原京内の土地は、官人たちに宅地として給された。位階に応じて、場所や面積が定められていた。これによって有力氏族はその本拠地から切り離され、官人として京内に居住することになった。そこには、豪族から官僚へという身分転化があったことを見落としてはならない。兵士や商工業者といった、前代にはない都市民の成立があったことも重要である。

■「未来都市」をゆく

藤原京はその先進性と同時に、様々な問題を抱えていた。南東が高く、北西に向かって傾斜する地形からは、汚物を含む南東部からの排水が、京内のほぼ真ん中に営まれた宮域に流入した可能性があるという。これでは、衛生問題が発生して都が衰退する可能性すらあっただろう。

藤原京は、平城京以降の都城とは異なって、首都の中央に宮が営まれた。朱雀大路《すざくおおじ》のメインストリートとしての機能は疑わしく、道路幅も平城京の三分の二程度で、都を囲繞《いじょう》する羅城《らじょう》や、正門としての羅城門もなかった。また、官人たちの住宅は、掘立柱《ほったてばしら》中心の粗末なものだった可能性も高いと言われている。

慶雲《けいうん》元年(704)に帰国した遣唐使は、長らく絶えていた中国の情報を大量にもたらした。そこで当時の国家首脳たちは、長安と造営中の藤原京との懸隔《けんかく》があまりに大きかったことに気づいてショックを受け、藤原京はただちに廃都となったらしい。都は平城京へと遷《うつ》され、あわせて藤原京の資材がすべて搬送された。

私たちは、快晴のもと藤原京から平城京へ向かった。平城京の規模は、九十度回転させると、長安の二分の一にあたることが、近年明らかになっている。当時の長安の人口は、一〇〇万人を超えていたと考えられており、平城京のそれは五万人から十万人程度ではなかったかと推定されている。

一昔前は、二十万人とする戸籍分析にもとづくデータがあったが、発掘などが進み、平城宮からもっとも離れた平城京の南側では、人家がまばらだったとの報告がある。役所で働く官僚は約一万人と推定され、その他には僧侶や手工業者、さらには地方から労役・兵役のためにやってきた人たちなどが居住したのだろうが、規模に比して人口的にはスカスカの都だったのである。

それにしても、国力とまったく合致しない「未来都市」を無理に無理を重ねてまでつくらねばならなかった理由は何なのか。素朴な疑問が頭をもたげてきた。平城京の後も、長岡京や平安京と大規模な都城が営まれていることからも、「どうしても必要だった」と考えねばならないであろう。

私たちは、近年復元された平城宮とその周辺を散策した。

かつての羅城門から朱雀大路へと歩むと、七十五ｍもある道路の両側には礎石建で瓦葺きの邸宅が軒を連ねる壮観な光景が目に入ったという。都の規模は、南北九条（約４・８㎞）×東西八坊（約４・３㎞）もあり、その東側に南北四条（約２・１㎞）×東西三坊（約１・６㎞）の外京という部分が加わる。

このダイナミックな景観こそ、中国を頂点とする東アジア外交を強烈に意識していたといわれる。確かに、竪穴《たてあな》式住居が一般的な当時、平城京は時空を超えた存在だったことは、想像に難くない。

中国から北九州に来た外国人使節一行は、広大な太宰府を見て、瀬戸内海を航行する。これは、あたかも長安へと至る運河と同様に意識したのではないか。彼らは、大仙陵《だいせんりょう》古墳（伝仁徳天皇陵）などの巨大古墳を眺めつつ現在の大阪平野を横切り、奈良盆地に入る。

ここに、世界都市長安を模した平城京に到着するのである。その壮麗な全容に、一行は日本と敵対することの愚かしさを自覚するという外交的効果を期待したという。

涙ぐましいほどの、古代国家首脳たちの「外交努力」である。莫大な建設費を費やしたとしても、国際戦争を回避するほうが、よほど得策だと認識していたからである。

平城京や平安京などの古代都市のみならず、近年では信長の安土、秀吉の大坂・京都・伏見、家康の江戸が、いずれも世界を意識した都市だったことが指摘されていることを、読者諸賢はご存じであろうか。

中国・朝鮮・ベトナムといったアジア諸国ばかりか、スペイン・ポルトガルさらにはイギリス・オランダといったヨーロッパ諸国も含む地球規模の外交秩序の中で、国家の威信を視覚的に誇示するためのしかけとして、彼ら天下人たちは金箔瓦《きんぱくがわら》を葺《ふ》いた大規模城郭を中心とする首都づくりに工夫を凝らし贅を尽くしたのである。

■国家統合と政権都市

倭から日本へと国号が変わった時期に、我が国にとって初の条坊都市・藤原京が造営された。大宝元年（701）に大宝律令が制定され、翌年には三十三年ぶりに遣唐使も派遣された。当時の政権担当者たちは、東アジアの文明国家への仲間入りを、国の威信をかけて進めていたのである。先述したように、慶雲元年に戻ってきた遣唐使から情報を得た結果、最新の中国の文化や制度を導入するために、わざわざ藤原京を捨てて平城京への遷都が行なわれた。

北に大極殿《だいごくでん》を置き真南に朱雀大路を通すタイプの都城は、平城京以後、日本の都の基本プランとなった。中国周代の理想的な王朝制度を記した儒教の古典『周礼《しゅらい》』は、首都の位置は天が地上の中心点として指定した場所であり、天命によって諸侯に君臨する天子の居住地であるとされる。これは、平城京や平安京ばかりか、遥か後の安土城や聚楽第《じゅらくだい》にも影響を与えているという。

唐の首都長安では、宮城（大極殿を中心とする大内裏）の真南に軸を伸ばしてメインストリートにし、そのラインに皇城（官衙《かんが》）と三つの門（三門）を配置するプランを採用している。実は、近年の発掘によって、安土城にも「大手門」に三門が存在することが明らかになった。中国の伝統思想の影響を色濃く受けていたとする指摘がある。

安土城本丸が宮城に相当するならば、その中枢に位置する天主は天子（皇帝・天皇）の執務空間すなわち大極殿にあたる。そもそも「天主」＝絶対神という呼称そのものが、天命の源であることを物語っている。天下人信長の執務空間たる天主は、安土城の中心軸に配置された。

また藤原京を経て平城京の段階から、礎石建の建物が本格的に採用されてゆく。これに関連して、近年の安土城の発掘成果に注目したい。戦国城郭は、戦時の要塞だったから建造物は掘立式で十分だった。ところが、安土城からは礎石建となり瓦葺きとなった。あわせて、尾張などを本国とする家臣団も、安土城下町への移住を強制されている。

このことから、信長が安土城を恒久的な政庁と位置づけたことが判明する。また、与えられた城下町の居住区に尾張などの諸国から移住した家臣団は、領主に代官というべき性格を付加されたとみるべきである。つまり、信長の安土築城は新国家建設のための起点となる事業だったのだ。

この安土城下町の普請にみる本拠地からの強制移住政策は、実は都城制度にヒントを得たのではないかと思うことがある。先に、藤原京への古代豪族たちの集住策によって、本拠地から切り離された官人が誕生したことに注目したのであるが、秀吉による聚楽第普請と御土居《おど い》（京都を囲む土塁）築造による京都の改造も、信長以来の首都構想として評価するべきである。

天正十四年（1586）二月からは、秀吉は平安京大内裏跡の内野《うちの》に聚楽第の建設を開始する。その周辺には、豊臣大名が軒を連ねることになる。さらに北条氏攻撃を控えた天正十七年九月に、秀吉は全豊臣大名に対して夫人とともに在京することを命令した。この頃までに多くの豊臣大名には官職が与えられ（武家官位制）、公家化していた。

この在京令は、ただちに各大名に通達された。たとえば、翌月には九州の大友氏のもとにも「取次」（仲介役）である毛利氏から「豊臣秀長御内様（夫人）まで在聚楽候」との情報が寄せられ、「(大友)義統《よしむね》様御父子中」の在京が要求されている。江戸時代の藩邸につながる華麗な大名屋敷の設置と参勤制度の成立を考えるうえでも、この天正十七年令を中央集権化の画期として評価せねばなるまい。

■秀吉の「平安城」建設

秀吉は、天正十九年正月に大規模な町屋の移転を命令し、聚楽第から禁裏にかけての土地の周囲を諸大名に下賜し、豪華な大名屋敷を建設させた。それまでに分散的に存在していた大名屋敷を、秀吉の首都構想に沿って、一定地域に集中させようとしたものであった。これは、寺町の形成とも併行して進められ、同時に洛中を囲む大規模土塁・御土居とそれを取り囲む堀の普請も開始された。

天下統一の進捗《しんちょく》に伴って、聚楽第周辺には豊臣直臣ばかりか服属大名の屋敷が軒を連ねた。大名の参勤に従って、諸国からは大量の武士が京都に集まってきた。また聚楽第の建設や天正十六年から再開された方広寺《ほうこうじ》大仏殿造営などのために、商工業者をはじめ日用《ひよう》層(日雇い労働者)などの労働人口の爆発的な増加がみられた。

イエズス会宣教師ルイス・フロイスは、天正十九年における京都の変貌についてふれ、公家・武家を除いた町人の人口の増加を「当初この町（の人口）は八〇〇〇ないし一万ほどであったが、今では戸数三万を超えると言われ、ますます拡大しつつある」と記している（『日本史』）。

秀吉は、このような大規模な人口流入に対応すべく、京都の大改造を断行したのであるが、天正二十年段階で「平安城」と表現しているのは興味深い。やはり平安京を意識していたのだ。そうすると、前年に完成していた京都を囲繞する御土居は、羅城というべきだろう。

洛中を囲繞する御土居は、総延長延長は二十二・五㎞もあり、七つの要所に出入り口を設けていた。従来は外敵に備える防塁として、あわせて鴨川の氾濫から都市を守る堤防として評価されてきた。しかし、都城を囲う外壁すなわち羅城として理解するべきだと考える。中国遠征を意識した秀吉は、自国の首都を東アジアの一大政権都市へと改造したとみられる。

藤原京から平城京へと遷都しながら、古代国家は中国を模倣した文明国家へと脱皮しようとした。それから、八五〇年も後の信長、秀吉、家康による天下統一の時代にも、古代の中国や日本の都城制度を意識した、巨大かつ華麗な首都が構想されたとみることができるのではないか。

安土から京都へ、さらに伏見から江戸へと、天下人の交代によって巨大政権都市が次々に出現し、国家的官僚としての大名、そして武士と商工業者との身分序列が明瞭化し、それぞれの居住区が整備されていったのである。

誤解を恐れずに言うならば、律令体制への移行にあたっては、豪族による私有地の制限と国土の班田化《はんでんか》が、幕藩体制への移行の前提としては、天下統一戦争による戦国大名領の否定・収公《しゅうこう》と検地が不可欠だった。国家統合の時代には、軍事力はもとより政治・経済の集中管理という側面からも、突出した政権都市が必要だったのである。

■天下統一とはなにか

以上をふまえて、筆者が年来主張してきた「天下統一とはなにか」についてお話ししたい。これは、これまで述べてきたような天下人たちが古代国家復興をめざしたことと密接に関係している。

天下統一戦を通じて、秀吉は信長がはじめた「仕置《しおき》」（具体的には城割と検地を中心とする占領政策）を全国的に推進した。そのなかで特に重要な施策は、太閤検地だった。その淵源は、正確には古代以来の国郡制的支配原理にもとづくものだった。

天正十三年十月に成立した大村由己《ゆうこ》（秀吉の側近にあった作家）の「四国御発向《ごはっこう》幷《なら》びに北国《ほっこく》

御動座記《ごどうざのこと》」（『天正記』所収）には、これに関係する重要な認識が記されているので紹介しよう。ここに検地と知行割の密接な関係が記されているのだが、検地の歴史的由来に関する説明部分があるので着目したい。

これによると、豊臣政権が畿内近国を掌握した天正十三年に、「五畿七道図帳」を作成したとするのであるが、その由来を「十三代成務《せいむ》天皇」による「分国堺」や、「四十五代聖武《しょうむ》朝」による「田地の方境を定む」に求める。

その後、国境や田地境に「増減」があったにもかかわらず改めなかったので、このたび関白秀吉がそれらの入り組をなくすべく検地を執行したため、国境相論《そうろん》や民衆の訴訟がなくなったと主張するのである。

成務天皇は記紀神話上の天皇で実存が疑わしいが、諸国に行政区画として国郡・県邑を定めるなど、地方行政機構の整備を図ったとされている。聖武天皇の時代に行基《ぎょうき》によって作成されたと伝えられる「行基図」は、現存のものからは稚拙ながら諸国を単位として国名とその郡数を記した日本全図で、その作成の過程で田地境の確定作業が行なわれたと主張するのである。

検地帳を古代の土地台帳である民部省図帳の系譜に置き、秀吉が天正十三年に全所領規模の国替を行ない、その直後から仕置として本格的に検地を執行するが、豊臣政権はそれによって土地をめぐる相論が消滅すること、そこに国家的な土地制度復活の理念的正統性を位置づけたのである。主従制原理では説明できない天皇や関白を中心とする国制的な側面からの主張としてきわめて貴重である。

天正十九年七月、奈良興福寺多聞院《たもんいん》の僧侶英俊《えいしゅん》が日記に「日本国の郡田を指図絵に書き、海・山・川、里、寺社、田数以下、悉《ことごと》く注し、上べき」と命令があったことを記し、さらに郡絵図収納の理由については、宮中つまり天皇のもとに保管しておくためと記している（『多聞院日記』天正十九年七月二十九日条）。

関白秀吉を通じて御前帳と郡絵図とが後陽成《ごようぜい》天皇に献呈《けんてい》されたことは、古代以来の国土領有権をふたたび天皇が掌握したことを意味している。このような調査が、全国一斉に、様々な領有関係を無視し、関白の権能に基づいて行なわれたことを重視し、これらが個別領主権を超えるものであり、その権限は、かつて律令体制下における天皇が保持していたとする指摘がある。武家関白以下の公家大名が国務に関与したのである。

現実的には、太閤検地はその後も継続されたし、遠国の外様大名領では独自の検地も行なわれたし、城割もなかなか進んでいなかった。ただし、天下統一によって国土領有権を理念的には天皇が、実質的に関白が握ったことは、やはり重要な点である。私的所有に基づく荘園制度を基盤とする中世国家が解体したのである。

天下統一とは、城割・検地などの仕置を通じて「日本六十余州」の収公を完了し、天皇の代行として関白が国土領有権を掌握することだった。決して、戦争を通じて反抗する戦国大名がいなくなることを意味するのではない。

したがって、通説のように天下統一の完成を北条氏が敗退した天正十八年とすることは明らかな誤りで、秀吉が奥州再仕置を終え、諸大名に対して全国の御前帳と郡絵図を調進させた天正十九年に求めるべきなのである。

コラムIII—聖地巡礼（取材地／紀伊半島）

■広大慈悲の道

私たちは、紀伊半島の南端を目指して熊野古道伊勢路の旅に出かけた。古代以来、熊野は日本を代表する巡礼地として善男善女を迎えた聖地である。

熊野へまいるには　紀路と伊勢路のどれ近し　どれ遠し　広大慈悲の道なれば　紀路も伊勢路も遠からず

これは、後白河《ごしらかわ》法皇（1127〜92）の撰になる今様《いまよう》歌謡（現代流行歌）の集成『梁塵秘抄《りょうじんひしょう》』の有名な一節である。今回は、私が暮らす三重県から和歌山・奈良両県に広がる世界遺産「紀伊山地の霊場と参詣道《さんけいみち》」の旅である。

読者諸賢にはピンとこないかもしれないが、これが正確な登録名なのだ。わかりやすく表現すると、「熊野古道」と関連遺跡・名勝群のことである。熊野古道とは、熊野三山（熊野本宮大社・熊野速玉《はやたま》大社・熊野那智大社）へと通じる参詣道の総称である。

現在では、関西方面からの四コースつまり紀伊路（渡辺津—田辺）・小辺路《へち》（高野山—熊野三山、約70㎞）・中辺路（田辺—熊野三山、約40㎞）・大辺路（田辺—串本—熊野三山、約１２０㎞）が、よく知られている。これに対して伊勢路は、残念ながらマイナーなルートになっている。伊勢路とは、伊勢神宮から熊野三山に向かう約一六〇㎞の街道のことである。

熊野信仰の始まりは、平安時代後期とされる。この頃、末法思想が浸透し阿弥陀信仰が強まり浄土教が盛んになると、紀伊半島の南端に位置する熊野の地は浄土とみなされるようになった。実際に、那智浜からは観音菩薩の住む補陀落《ふだらく》をめざして、僧侶や行者たちが小船—補陀落舟—で太平洋に旅立ったという。

復元された補陀落舟は、補陀落山寺（和歌山県那智勝浦町）の境内に置いてあるので実際に見ることができる。これは、和船の上に入母屋《いりもや》造りの屋形を設置して、その四方に鳥居が付けられているものである。櫓《ろ》も舵《かじ》もないため自走できず、僧侶や行者がなかに入ると沖まで曳航《えいこう》され、そのまま流された。

院政期には歴代の上皇の熊野参詣が頻繁に行なわれ、先に登場した後白河法皇の参詣は三十四回にも及んだ。鎌倉時代には、熊野本宮大社で一遍上人が阿弥陀如来の化身であるとされた熊野権現から神託を得て、時宗を開いたことで有名である。

三社で今でも発行されている熊野牛王宝印《ごおうほういん》は、護符としてのほかに、起請文（誓約書）の料紙として使われ、この牛王宝印の裏面に書いた誓約を破ると熊野の神罰をうけると信じられていた。実際に、熊野三社の牛王宝印は中世でもっとも広く普及した。

伊勢路であるが、これに関連して私が注目しているのは、二人の戦国武士の旅である。伊予国の武将で西園寺家重臣土居清良《どいきよよし》の一代記『清良記《せいりょうき》』や、安芸国の武将で毛利氏家臣玉木吉保の自叙伝『身自鏡《みのかがみ》』に、伊勢路の旅が記されているのである。

清良は高野山に参詣した後に、熊野本宮大社に参詣した。この後、那智大社、速玉大社の順で巡拝し、先祖の故地とされる木本《きのもと》土居（三重県熊野市）を訪ね、伊勢神宮に向かっている。吉保は、京都からわざわざ安土に向かい「信長の城を見物して（百々橋《とどばし》から城内の摠見寺《そうけんじ》に参拝して、その背後に見える天主をはじめとする主郭を見たことか）」伊勢神宮に詣でた後、伊勢路を歩んで熊野三山を巡拝し、高野山奥院に参詣した。

このように、遠国からの旅人は熊野三山と伊勢神宮をセットで参詣するのが普通だったから、伊勢路もよく利用されたとみられる。

三重県をはじめ東海地域のウォーキング好きの皆さんなら、伊勢路のなかの「馬越峠《まごせとうげ》」をはじめとする有名な峠道歩きを楽しんだ経験があるのではないかと思う。紀伊路には、町石《ちょういし》（一町＝約109ｍごとに立てた石柱）を見て若王子《にゃくおうじ》（熊野九十九王子と総称される神社）を参拝することができるが、紀伊路はなんと言っても石畳の続く峠道がみものである。

私たち一行は、大小の海蝕洞が約一・二㎞も続く凝灰岩の大岸壁・鬼ヶ城を見物した後に、代表的峠道のひとつである熊野市の松本峠を歩くことにした。ここは、ほぼ全コース石畳道である。なぜ石畳道かというと、この地域は一年を通じて雨量が多く、道がすぐに痩せてしまうからである。

領主である紀州藩主によって石畳を敷くように命じられ、地域民衆が総出で普請したと伝わる。なお、明治元年に木本と古泊の漁師が騒動をおこし、紀州藩の奥熊野代官所がその罰として漁師たちに築かせた部分もあるという。

フーフー言いながら峠道を登ると、お地蔵様が迎えてくれる。これには、妖怪と間違えた猟師によって撃たれた弾痕が残っている。ここから、ルートを少し離れて鬼ヶ城跡（有馬氏の城跡）方面にしばらく歩いた。すると景色が開けて眼下には七里御浜《しちりみはま》が広がった。

三十年ほど前にはじめてこの景勝に接した時、心から感動し家族に見せたいと思った記憶が、鮮やかによみがえってきた。七里御浜の延々と続く海岸線は、私にとって大切なお宝スポットである。

■世界遺産の現実

峠道を熊野市側に下りると、熊野市の中心市街木本の町並みに入る。ここからは、平坦な浜街道が続き、古い町並みが残っている。私たちは、鬼ヶ城の鬼を退治した坂上田村麻呂《さかのうえのたむらまろ》の行列が笛を吹き、太鼓を叩いて渡ったと伝わる笛吹橋を渡って町並みを進んだ。木本神社には、「吉田大明神」と刻印された石碑があった。そのいわれは、次の通りである。

幕末の安政年間、紀州藩は木本浦を中心とする二十七か村を、新宮《しんぐう》城の城主で付家老水野氏の領地とすることを決定した。しかし、住民は猛反発し粘り強く反対運動を展開して撤回に追い込んだ。

このとき交渉にあたった藩士吉田庄太夫は、村人たちと談判した結果、領地替えをしないことを独断で請け負った。庄太夫は騒動終結後、責任をとって自刃《じじん》したが、人々は吉田大明神として石祠を建てて崇めたのである。

熊野地域とは、紀伊国牟婁《むろ》郡のことである。江戸時代の木本には、紀州藩領として奥熊野代官所が置かれ随分と栄えた（現在のＪＲ熊野市駅付近）。先の騒動も本藩領からの格下げと、実力者水野氏による苛政を嫌った人々の政治判断にもとづくものだった。

ところが明治時代になると熊野地域は、和歌山県西牟婁郡・東牟婁郡（以上、口熊野）と、三重県北牟婁郡・南牟婁郡（以上、奥熊野）の四郡を指すようになり、細かく分断されることになった。現在の熊野地域は、熊野川を境に和歌山県と三重県に分割され、三重県側は「東紀州」とよばれており、この地域がさらに二つの地区に分かれ、紀北では尾鷲市が、紀南では熊野市が中心都市となっている。

私たちは、木本の町並みを通り抜け、日本最古の神社といわれる「花の窟《いわや》」に到着した。ここは、世界遺産に登録されているパワースポットである。参道を進むと、まことに厳《おごそ》かな雰囲気に包まれる。思わず見上げてしまうご神体の巨岩は、まさに圧巻である。ここは、伊弉冊尊《イザナミノミコト》が火の神・軻遇突智尊《カグツチノミコト》を産み、焼死した後に葬られた御陵といわれ、ご神体と大綱のみで本殿はない。

花の窟では年二回、例大祭を行なう。神々に舞を奉納し、日本一長いという約一七〇mもの大綱を約四十五mの巨岩の頂上から境内南隅の松の御神木に渡す。この「御綱掛け神事」は、地元住民の伝統的行事であり、三重県の無形文化財に指定されている。

花の窟に接する海岸からは、テレビのCMでも有名になったライオンのような姿をした「獅子岩」が見える。ここも世界遺産登録の名勝である。このように、熊野市には世界遺産と関わって全日本級のすばらしい名勝がゴロゴロしているのだ。

しかし、三重県の南部地域は恐ろしいほどのスピードで過疎化が進んでいる。たとえば本年の熊野市（人口1万7675人）の小学校入学者は約十年前から一〇〇人を切っており、東紀州地域の小学校から高校までの段階で他地域に進学する子どもが十％にも達しているという。

これに対して、熊野市では地元出身の大学生を対象として、卒業とともに故郷に帰って地元企業などに就職した場合は奨学金を給付するなど、東紀州の各自治体ともに若年層の故郷回帰のために様々な取り組みを実施している。

二〇二一年八月には、名古屋から熊野市までが紀勢自動車道路（勢和多気JCT—熊野大泊IC間）でつながった。所要時間はわずか二時間半になったが、国道沿いの商店街が寂れたり、事業所・事務所の移転や学校の統廃合が進んでいる。地方創生への願いを託された高速道路が、現代の「広大慈悲の道」となっているのだろうか。

■名築城家のお宝城郭

私たちが二日目に訪れたのは、熊野市紀和町の国史跡赤木城跡である。日本を代表する棚田・丸山千枚田をあとに山並みを進むと、いきなり惣石垣のすばらしい城跡が遠望できるようになる。ここが、お目当ての赤木城跡である。城跡に近づきながら周囲を観察すると、城下町があったような場所はないことに気づく。この城は、言ってみれば軍隊の駐屯基地、つまりベースキャンプとみることができるのである。

赤木城は、藤堂高虎(1556～1630年)が、若き頃に築城した城郭として知られている熊野地域唯一の織豊系城郭である。後に高虎は、江戸城をはじめ駿府城・伏見城・二条城・大坂城などの普請に中心的に関与したことから、江戸時代を代表する名築城家・都市プランナーとして名を残した。

この赤木城は、豊臣政権がはじめて熊野を支配するために天正十四年(1586)から天正十七年までの時期に築城されたと推定されている。当時の高虎は、豊臣秀吉の実弟であり大和郡山《やまとこおりやま》城主だった豊臣秀長に仕える重臣だった。周知のように秀吉が城郭・神社仏閣の普請を好んだため、良材の産地である熊野の山々を管理する必要があり、その実務を高虎が任されたのだ。

豊臣大名が新領地に着任すると、仕置といわれる城割《しろわり》・検地などの占領政策を進めていく。特に検地は、税制改革で結果的に大増税となったことから、地域の人々からは相当に嫌われて一揆の原因となった。検地とは、田畠・屋敷地を簡易測量でチェックして土地台帳である検地帳に登録することで、それから算出された年貢を徴収したのである。

百姓たちは、長年にわたり山野・荒地を切り拓き、少しずつ租税のかからない耕地（隠田・隠畠）を広げていた。まさに、丸山千枚田のような山村の棚田がそれにあたる。血のにじむ努力が、検地によってふいになってしまうことから、全国規模で反対一揆の嵐を呼び起こしている。

南紀地域でも、何度か激しい一揆が発生した。最初が豊臣秀長が国主として入ってきた時に、勃発した天正北山一揆とよばれる大一揆である。この地域の有力な土豪層がリーダーとなって、村々の百姓たちを軍隊に編成して激しく抵抗した。赤木城は、普段は熊野の材木支配の拠点だったが、一揆が発生した場合は、それを鎮圧するための前線基地となった。この城には、一揆との戦いを意識した遺構が残っている。

何と言っても城郭の一番重要なところは、出入口つまり城郭用語で言うところの「虎口《こぐち》」

である。ここに最新技術が投入されたことから、その発達形態から築城年代の編年化がおこなわれている。赤木城の場合、本丸虎口が大規模な枡形虎口《ますがたこぐち》（二つの門を組み合わせ、一折れして出入りするようにした城門様式）となっており、その構造は天正十三年から同十八年の幅に入るとみられている。

本丸の規模に不釣り合いなほど立派で、はじめて見た時は、これこそ実戦の城だと直感した。また同時に驚いたのは、意識的に虎口のみ破壊されており、しかも石垣の石材がすべて内側に崩されていて、通行困難になっていたことである。

これは、「城割」「破城《はじょう》」などとよばれる城郭を破壊する際の一般的な作法といってよい。出土遺物の年代観から、赤木城はその後も機能していたようであるから、遅くとも元和元年の一国一城令までに城割が行なわれ、それ以来長い眠りについていたとみられる。

本丸内部の発掘は行なわれていないが、残存する基礎石から南西隅と北東隅に櫓《やぐら》もしくは天守的な建造物があり、周囲を多聞櫓や塀が廻っていたと推測されるが、瓦は出土していない。なお城跡近くには、一揆関係者を捕らえて処刑したといわれる田平子《たびらこ》峠の刑場跡があり、これも国史跡の指定をうけている。

赤木城の本丸からは、鶴翼の陣よろしく左右の尾根に曲輪が配置されていることがわかる。

しばらく見ていると、どこかで見たことのある縄張であることに気づいた。それは、天空の城で知られる但馬竹田城（兵庫県朝来市）のそれである。規模的には竹田城を小型にしたものであるが、両城には共通点がある。

主君秀長は但馬の平定を秀吉から任され、天正五年には竹田城をはじめとする同国南部の諸城を家臣団を挙げて築城して拠点とした。それらを基地として北部山岳地域から侵入する小代《おじろ》一揆などの反対勢力を鎮圧し、天正八年にはほぼ但馬八郡を掌握した。

高虎は鎮圧部隊の先陣を切って戦った。たとえば現在の兵庫県香美町では、竜泉寺・天福寺・大運寺に高虎の軍勢によって焼かれたという伝承がある。高虎は、但馬時代の経験を参考に赤木城を築城し、一揆を鎮圧したのではあるまいか。

赤木城も、天空の城である。霧の多いこの地域では、竹田城と同様に城跡が霧に浮かんで見えることがあるという。実際、そのような写真を熊野市紀和鉱山資料館で見ることができた。なお、奈良時代頃から盛んに金銀銅や鉄を採掘していたと伝えられる紀和鉱山であるが、それからほど近い赤木城は鉱山の管理にも関係したと推測される。

熊野市域は、観光の宝庫である。先に紹介した獅子岩や鬼ヶ城さらには花の窟、七里御浜の美しい海岸線、郷愁の丸山千枚田のほか、四季折々の景色の移ろいと相まって、絶景と言ってよいビューポイントばかりである。

しかし残念ながら、現時点ではこれら世界遺産の活用が、過疎化を押し返すまでの「武器」にはなっていないように思われる。それぞれの観光地が広大な熊野のなかに点在し、公共交通機関による効果的なアクセス体制が確立していないため、いささか集客能力に欠けているのである。

熊野への旅は、関西や名古屋方面からも容易である。これからの課題は、三山の周辺に広がる熊野の観光遺産の本格的な活用であろうが、これには三重県と和歌山県との県境を越えた協力体制の構築・強化なしには実現しないのではなかろうか。明治時代に熊野が両県に分割されたことのデメリットが、今日になって表面化しているように思われた。

信仰の道でもあった熊野川。幻想的な流れに多くの貴人が魅せられた。

藤原京跡。約800年後の信長、秀吉らに影響を与えたという。

国際都市として知られる平城宮跡。現在も整備が続けられている。

名将・藤堂高虎が手掛けた城郭・赤木城。
アクセスは悪いが、一見の価値がある。

三　村上海賊の終焉（取材地／しまなみ海道）

■因島に村上海賊を訪ねて

いつも思うことではあるが、新幹線で名古屋から西に向かうと、神戸を過ぎたあたりから車窓の雰囲気が変わる。陸の世界から海の世界へと、車内全体がぐんと明るくなるのである。このように感じるのは私だけかもしれないが、西国人には共感していただけるのではないかと思う。

東日本の方には、日本の海賊のイメージをつかむのは難しいかもしれない。有名なカリブの海賊のように、艦載砲を積んだ大型帆船で商船を襲うような派手な存在ではない。村上海賊たちは、小型の手漕船である小早船に乗って秘かに敵船に近づいて、火矢《ひや》や炮烙《ほうろく》火矢（手投げの焼夷弾《しょういだん》）を用いて焼き沈める戦法を得意とした。

大型の戦艦である関船《せきぶね》や安宅船《あたけぶね》も、すべて手漕ぎである。戦国時代の和船には、ようやく軽くて乾きやすい木綿の帆が採用されつつあった。それまでは、それ自体が重く、しかも水が染み込みやすい筵帆《むしろほ》が一般的だったため、しかもマストは一本しかなかったから、風力のみで航行することは不可能だったのだ。

瀬戸内を代表する海賊衆である村上氏は、伊予側の能島《のしま》・来島《くるしま》家と備後側の因島《いんのしま》村上氏との三家からなり、「三島《さんとう》村上水軍」とよばれた。因島村上氏は、江戸時代には毛利氏家中に吸収されてしまう。私たちは、尾道市の因島にある村上水軍の資料館である「因島水軍城」を訪れた。三層の模擬天守郭を中心とする資料館は、因島村上氏の菩提寺である金蓮寺《こんれんじ》の境内にある。

ここでは、村上海賊の興亡を、発掘遺物や古文書、そして鎧《よろい》などの遺品を通じて、わかりやすく解説している。たとえば、室町時代末期作の軽武装用鎧である白紫《しろむらさき》緋糸段威《ひいとだんおどし》腹巻や附兜《つきかぶと》眉庇《まびさし》は広島県の重要文化財である。因島村上氏当主・村上吉充が小早川隆景より拝領したと伝わる。一見地味な展示ではあるが、じっくり見ると随分工夫していることに気づく。

資料館を出て山麓の金蓮寺をめざす。ここには、海賊たちの大規模な墓所がある。前面には、村上海賊歴代の宝篋印塔《ほうきょういんとう》が十八基あり、他にも五輪塔が多数あるが、各地に点在していたのを集めたものという。その迫力は、一見の価値ありである。

海賊三昧の一日のシメは、美可崎《みかざき》城（尾道市因島三庄町）である。因島村上氏が海関《かいかん》と一体化して築城した城跡は、海に突き出た小さな半島の先端部にある。東向き二段の曲輪《くるわ》からなる当城の縄張は、眺望から鞆の浦（広島県福山市）方面を強く意識したものと思われる。いったん、城跡を出て岬下の海端に出る道を進むと、慶長四年（1599）建立といわれる地蔵菩薩を刻んだ地蔵岩に到着する。そのいわれは、次のようなものである。

周防《すおう》の高橋蔵人の娘が琴の免許を得るため海路で都に上る途中、美可崎城主・金山康時の配下に捕らえられ、康時に仕えるよう強要された。娘がこれを固辞したため、怒った康時は浜で切り捨てた。それからまもなく、夜になるとどこからともなく女性のすすり泣く声と琴の音が聞こえ始め、弱った康時が自然石に地蔵尊を彫って供養したところ、異変はおさまった、という。

これはあくまでも伝承であるが、この時期に瀬戸内海で海賊が消滅していたのではないことを示唆する。そうなのである。少なくとも豊臣政権が天正十六年（1588）に発令した有名な海賊停止令でたちまち海賊が消滅し、「海の平和」が実現したとはいえないのである。

たとえば、毛利輝元が能島村上氏の家督村上元武とその叔父で後見人の村上景親に宛てた八月十三日付判物《はんもつ》を紹介したい（村上水軍博物館保管「村上家文書」）。

その文中に「安下崎《あげざき》賊船究めのためここ元差し出し候」と、周防屋代島安下（山口県周防大島町）付近で発生した賊船すなわち海賊事件の糺明《きゅうめい》を命じている。元武の父元吉が戦死したのが慶長五年（１６００）九月で、祖父武吉が死去したのが慶長九年八月二十二日で、景親のそれが慶長十五年二月九日であることから、慶長十年八月から同十四年八月までのものと推定されている。もちろん、秀吉没後の事件である。

当時の毛利氏は、慶長五年九月の関ヶ原の戦いによって、その所領を周防・長門二か国へと大減封されていたのだが、依然として村上氏に瀬戸内海の海賊禁圧のための海上警固を期待していたのである。村上海賊のその後を考える旅になりそうだ。

■スリムな三重塔

瀬戸内の旅の二日目は、日本画家平山郁夫氏の生誕地に接する向上寺《こうじょうじ》（広島県尾道市）からスタートした。しまなみ海道の開通の記念に、平山画伯は「しまなみ海道五十三次」と題して六十点の水彩素描画を描き下ろしたのだが、この寺院を画材にするものを四枚も描いている。故郷への愛着がなせるものであろう。

私たちは潮音山上のスケッチポイントに立ち、晴天のなか甍《いらか》光る向上寺三重塔を飽きることなく眺めた。一重目がわずか三間（6m弱）のスリムな三重塔は、永享四年（1432）に建立されたもので、国宝の三重塔の中では最も新しいものだそうだ。各重に趣のある花頭窓を配し、四隅の親柱の飾り付けには珍しい逆蓮華（蓮の花を逆にかぶせた形）が見られる。

応永五年（1398）八月六日付で、将軍足利義教は小早川守平《もりひら》に生口島《いくちじま》地頭職を安堵している。向上寺は、応永七年に当地の地頭となった守平が瀬戸田の港からよく見える潮音山に一寺を建立し、臨済宗佛通寺派の高僧愚中周及《ぐちゅうしゅうきゅう》を迎えて開いたという。

■海賊島の現在

次いでしまなみ海道、大三島《おおみしま》に渡った私たちは、現代から戦国時代の海賊世界へと引き込まれていった。まず訪れたのが、大三島と接して浮かぶ小島全域に築かれた甘崎城跡である。当城は、今でも石垣遺構を遠望することができるが、江戸時代の海外史料にもそのことが登場する。

元禄四年（1691）にドイツ人医師ケンペルは、瀬戸内海を航行中に甘崎城跡の堅固な石垣を見て、帰国後、著書『日本誌』に「水中よりそびゆる堡塁《ほうるい》あり」と記している。

甘崎城について、藤堂藩の編纂した高虎一代記『高山公実録《こうざんこうじつろく》』には、関ヶ原の戦いの恩賞として安芸・備後両国四十九万石を与えられた福島正則を監視すべく、今治《いまばり》城主だった高虎が戦国時代に来島氏の持城であったものを、高虎が惣石垣で改修し、城代として重臣須知出羽を任じたことを記す。

さらに『越智嶋《おちしま》旧記』（越智郡井ノ口村の改庄屋近藤珍信が、寛永年間に松山藩命を受けて作成した藩領島方十七か村の調査報告書）からは、石垣の全長が約八〇〇m、石垣の比高が約四mで残っていたことがわかる。

現在も往時の石垣遺構が良好に残存しており、島の頂上部では瓦も散見されるそうである。このように甘崎城は、瀬戸内海に屹立《きつりつ》する近世水軍城郭として特筆すべき存在であった。この島には、潮が引けば徒歩で渡ることもできるそうである。

私たちは、そこから山越えで伊予国一宮・大山祇《おおやまづみ》神社に向かった。ここは、全国にある大山祇神社の総本社である。主祭神の大山祇神は「三島大明神」とも称される。鬱蒼《うっそう》とした神木に囲まれた広大な境内を進み、海賊たちが法楽連歌を楽しんだ社殿にお参りした。

瀬戸内海の中央部には、村上海賊の本城・能島城がある。言わずと知れた、「海賊大将軍」能島武吉の本拠地である。ここも、甘崎城と同様に小島全体が城塞となっていた。近年、地元今治市の教育委員会による発掘調査が行なわれ、複数の大型住居跡と鍛冶《かじ》遺構が発見された。

従来、激流のなかに存在する能島城は戦闘を重視した詰城（緊急時に籠もる城塞）で、普段は暮らしやすい対岸の大島に城郭を構えていたのではないかと考えられてきた。水場周辺に根城を維持しており、セットで機能すると理解してきたのである。

しかし発掘調査によると、狭い城域ながら所狭しと建造物が建てられ、南部の埋め立て地からは生活土器が大量に出土しており、海賊衆が日常生活を送っていたことがうかがわれるという。なお一九三八年の発掘によって、輸入陶磁器や中国銭などの遺物の出土報告もある。海城については、規模よりも立地が優先されることが明らかになったのである。

私たちは、能島城跡の対岸に位置する「村上海賊ミュージアム」にお邪魔し、学芸員（当時）の大上幹広さんに古文書をはじめとする展示品の数々について解説いただき、海賊世界を堪能した。当館は、能島村上氏の史資料を保存・公開する海賊研究のセンターである。故郷愛媛県に、このようなすばらしい施設ができたことを誇らしく思った。

夕刻迫り日差しがいささか弱くなった頃、私たちは島巡りの遊覧船に乗船した。海から見上げる大橋の雄姿には正直感動したが、ガイドさんの「しまなみ海道で便利になって無人島が増えました」という一言に、少なからずショックを受けた。以前に紀伊半島の南端・熊野の旅で聞いた、「高速道路ができて国道沿いの店が潰れて若者がいなくなりました」と、まったく同じ現象である。

■近世城郭の誕生

しまなみ海道編取材の三日目は、愛媛県今治市に残る近世海城めぐりである。今治は、古代の伊予において国府や国分寺などのおかれた一国の中心地だった。それが、南北朝期以降は松山平野の東端に河野氏の守護所湯築《ゆづき》城（松山市）が建設されて以来、第二の都市になってしまった。ただし、藤堂高虎が慶長五年（1600）の関ヶ原の戦いの後に今治城を築城してから、伊勢・伊賀に国替する同十三年までの時期は、松山城主加藤嘉明《よしあき》と同じ二十万石の城下町だった。

近年、今治市が今治藩初代藩主として高虎を顕彰するようになったのは、愛媛県第一の都市への復活を期してのことかもしれない。「瀬戸内しまなみ海道」の開通にそのチャンスを見いだし、しまなみ海道のサイクリングを通じて観光誘致を図るなど、積極的に攻勢をかけているのである。

高虎は、国分山《こくぶやま》城を廃城にして小田の長浜に今治城（別名吹揚城）を築城した。「砂上の楼閣」

というが、巨大城郭が今なお砂上に堂々とそびえているのである。それを可能にしたのは、広大な堀を掘り、その土砂を堅くたたき締めながら城地を形成し、堅牢な石垣を築くという高度な土木技術である。筆者は、資材については国分山城を解体して活用したと考えている。意外ではあるが、江戸時代を代表する名築城家・高虎が単独かつオリジナルで近世城郭を築いたのは、ここがはじめてだった。それまでは、板島城（後の宇和島城、愛媛県宇和島市）や大津城（後の大洲《おおず》城、愛媛県大洲市）などのように、改修ばかりだった。ここで高虎は、まったくの新規築城に挑んだのだが、後世につながる技術革新に取り組んだ。

第一が、矩形の曲輪の組み合わせと城内に港を設置することである。地形を矩形に整形して曲輪を配置するのは、丹波篠山城（兵庫県丹波篠山市）をはじめ後の築城に活かされることになった。近世海城という概念を提示した高虎であるが、後述するように沖積《ちゅうせき》平野の先端に軍港付きの要塞を築くという発想は重要である。

第二が、平野に築いたため比高差が必要になり五層天守を普請するのだが、耐久性が高く、工期も短くかつ廉価な層塔型天守を考案した。それまでのような、豪華な殿舎建築に望楼を載せる複合建築ではなく、塔建築としての天守を編み出したのだ。

これらは、江戸城に繋がる技術革新だった。つまり、今治城は徳川氏による近世城郭のプロトタイプとなったのである。ついでに、高虎が城郭に接して広がりのある方格状（碁盤の目状）の城下町を附属するのも、今治からであることを指摘しておきたい。

■海賊衆のたそがれ

次に私たちが訪れたのは、来島だった。波止浜《はしはま》から小型連絡船で渡ってゆく。桟橋が造船所に隣接していることから、造船中の様々な船を見ることができる。活気があり、造船業が好調であることが伝わってきた。

現在の来島は、静かなたたずまいをみせている。島の中心部がかつての城山であり、その周りに人家が形成されているのである。私たちは、徒歩で城山に登った。海賊大名来島氏の本城として関ヶ原の戦いまで機能したのであるが、石垣は小規模で中世城郭と言ってよい遺構である。同時に使われた鹿島城も恵良《えりょう》城（両城郭とも松山市）も同様に、遺構からは中世城郭と判断される。

慶長年間になっても、来島氏の城郭は近世城郭へと進化していなかったのだ。高虎とは相当の技術的な格差を感じた。もちろん、一万石そこそこの小大名と二十万石の大大名とを比較すること自体に難はあるのだが。

来島城本丸跡からの眺望は、まさに絶景だった。海の難所のなかの要塞というべき立地なのである。もっとも、海城は立地と水場（井戸施設）がすべてで、曲輪の配置や比高差などはほとんど問題にならない。

朝鮮出兵を経て、海城にも時代の波が押し寄せたのだ。安宅船を操り、肥前名護屋（佐賀県唐津市）と朝鮮の戦場を往復した高虎の経験が、日本の築城技術を大きく向上させたとみるべきであろう。

瀬戸内海の海城には、今も浜にピットと呼ぶ穴が無数に残っている。今回、来島の周囲を歩いたが満潮ながら確認することができた。これは、係留用の綱を結ぶために打ち込んだ杭の穴跡である。以前、海城の復元図では航空母艦の甲板のような構造物を描いているのをよく見たが、誤りである。ピットの杭が、甲板のような施設を支える柱だと理解したのだろう。

戦国時代までの海賊は、基本的に小型で船足の速い小早船を漕《こ》いで敵船に近づいた。戦闘も、船を横付けして乗り移っての白兵戦か、取り囲んで弓矢や炮烙火矢を使用するのが普通だった。したがって、普段は来島城のような海城の周りに小早船を係留していた。

ところが海戦で鉄炮を使用するようになると、小型船舶では都合が悪くなる。発射した反動で船が大きく振動してしまうからである。艦載砲を使用する場合は、青銅製から改良されて鉄製となっても、やはり重量が重く発射後の反動も大きいため、船底が広く深い大型艦船すなわち安宅船が使用されるようになる。

高虎の今治城に附属する港は、安宅船が入港できるように普請したものである。ここには、座礁しない水深と接岸可能な石垣の壁面が確保されたのである。それが、島全体を惣石垣にした近世海城・甘崎城を登場させた背景だった。

最終的に海賊が否定されて藩の船手衆に組織されたのは、関ヶ原の戦いの後のことである。既にご紹介したように、長州藩関係の古文書からは、この時期においても瀬戸内海で海賊行為があったようで、藩から村上氏に対して取り締まり命令が出されている。

長州藩の場合は、三田尻（山口県防府市）に軍港が建設されて、そこにかつての海賊衆村上氏は拠点を移していた。藩重臣で船手衆となった村上氏には、藩主の海路の参勤交代を任されるなど、もはや昔日の自由な活動は望むべくもなかった。

瀬戸内海は普段は穏やかであるが、ひとたび荒れれば容赦なく大波が船舶を襲う。戦国の海賊衆も、暴風雨を脱した後に、活躍する場を失ってしまう。泰平の世の到来であった。

↑「因島水軍城」。菩提寺金蓮寺に隣接して立つ。資料も充実。→同寺にある海賊たちの墓所。

向上寺に立つ瀟洒な三重塔は国宝に指定されている。

海上に浮かぶ甘崎城。小島をそのまま利用。

村上海賊ミュージアムに展示される村上海賊の羽織。こちらの資料も充実している。

村上海賊の拠点のひとつ来島城跡から望む瀬戸内の絶景。

コラムⅣ──江戸湾の輝き（取材地／房総半島）

■息づく鎌倉文化

安房《あわ》といえば、里見氏である。里見氏といえば、滝沢馬琴の長編作『南総里見八犬伝』であるが、これは私たちシニア世代にとっては、今は亡き坂本九ちゃんの語りで楽しんだNHKの人形劇『新八犬伝』（1973～75年）でおなじみである。

辻村ジュサブロー作の人形がいささか不気味で（失礼！）、玉梓《たまずさ》の怨霊がよく登場し、個人的には中世のイメージが固まった番組だった。とはいっても、原作の内容がかなりのデフォルメされていたことは、後になって知った。中学生だった筆者の里見氏に関するイメージは、この番組でできたのであるが、もちろん正確な知識とはいえないものだった。

それにしても、西国人の筆者にとってなじみの薄い房総半島の小国の大名が、なぜ関東の覇者北条氏と長期戦を戦い抜くことができたのか、これまでさっぱりピンとこなかった。この謎は、神奈川県の久里浜港（横須賀市）と千葉県金谷港（富津市）を結ぶ東京湾フェリーに乗船した途端、氷解したから不思議である。

答えは、もちろん水軍力である。金谷港に降り立った私たちは、富士山がひときわ大きく輝いているのに驚いた。

房総半島の先端からは、江戸湾のみならず対岸の三浦半島から伊豆半島にかけて一望することができる。この世界を抑えることができる地勢に、安房はあるのだ。実際に、里見氏は、三浦半島はもちろん鎌倉方面へもたびたび出陣している。

これに関連して、気になったのが、いくつか案内された「やぐら」の存在である。読者諸賢には、あまり聞き慣れないとは思うが、一般的に「やぐら」とは、鎌倉の周辺で鎌倉時代中期以降から室町時代前半にかけて作られた、岩をくりぬいた横穴式の納骨窟あるいは供養堂のことである。

鎌倉特有の遺跡とばかり思っていたのであるが、調べてみると、安房にも一九九二年から九六年にかけての調査によって、かなりの数のやぐらが存在することが確認されたようである。房総半島全体では五〇〇基以上、館山市だけでも一〇〇基以上もあり、安房では館山市の九重地区、南房総市の丸山、富浦、三芳地区に数多く分布することがわかっているという。

これらのやぐらの密集地域は鎌倉の寺社領とほぼ重なっており、このことからもやぐら文化は鎌倉から持ち込まれたものであると同時に、安房と鎌倉との密接な交流を裏付ける根拠にもなっている。

したがって、安房から三浦半島を越えて鎌倉へ、さらに伊豆半島まで、つまり現在の東京湾と相模湾に相当する広大な海域が、里見水軍のなわばりだったとみてよいだろう。私たちが楽しんだ江戸湾を扼《やく》する浦賀水道こそ、里見水軍の生命線だったのではなかろうか。

とはいっても、里見氏のルーツは海のない内陸部の上野《こうずけ》、つまり現在の群馬県だった。鎌倉時代初期に、同国碓氷《うすい》郡八幡荘里見郷（現在の群馬県高崎市）を領有していた新田源氏の一流が、里見姓を名乗ったのが始まりとされている。それから二〇〇年ほどの間、里見氏は美濃、陸奥《むつ》、常陸《ひたち》など各地へと移住し繁栄したが、そのなかの一派で安房に移ったのが安房里見氏の初代とされる里見義実《よしざね》だ。

当時は室町時代で、関東には将軍家の一族にあたる鎌倉公方足利成氏《しげうじ》（古河公方初代）が君臨していた。ところが、この成氏が関東管領上杉氏と対立するようになると、二つの勢力に分かれ、両者の間で覇権争いが繰り広げられた。関東における戦国時代の開幕である。

この争いで成氏方に与《くみ》したのが、先述の『南総里見八犬伝』でも登場する里見義実だった。当時の安房には、安西、正木、神余、丸、東条などの海賊衆が蟠踞《ばんきょ》したが、義実は彼らを巧みに組織し、稲村城（千葉県館山市）を拠点に安房を支配した。

義実—成義—義通—義豊の四代は、前期里見氏と称される。義豊は、従兄弟である義堯《よしたか》に滅ぼされ家督を奪われて稲村城も廃城となった。したがって、義堯以降を後期里見氏という。里見氏は、本家筋が絶え、分家筋が乗っ取ったのである。前期里見氏の歴史は、実在したかどうか疑問視される当主もおり、後期里見氏によって改竄《かいざん》されたとする説もある。

■消えた里見水軍

義堯は、里見氏を戦国大名へと飛躍させた武将だった。安房から上総《かずさ》へと領土を拡大し、久留里《くるり》城（千葉県君津市）へと本城を移した。これによって、下総《しもうさ》に勢力を伸張した北条氏と境界をめぐる対立が発生し、この後四十年間にわたり戦闘を繰り返したのである。

この間、関東の勢力地図は何度も書きかえられ、里見氏も小弓公方《おゆみくぼう》（古河公方の分家足利義明が下総小弓城を本城に勢力を蓄えた）を奉じたり、上杉氏や武田氏と結ぶなど、対北条策のために離合集散を繰り返した。義堯の死後、子息義弘は北条氏側からの度重なる和議要求を天正五年（1577）になって受け入れた（房相一和）。

義弘の子息義頼は、岡本城（千葉県南房総市）を居城としていたが、館山にある高の島湊に着目し、港の開発を特権商人の岩崎与次右衛門に任せるなど、後の城下町建設につながる基礎工事を開始した。
そのような中、関東にも豊臣政権による天下統一の荒波が押し寄せてくる。里見義康は、父義頼以来の取次・増田長盛を介して秀吉と良好な関係を築く。しかし北条氏攻撃が現実化すると、思惑の違いがあらわとなって、領地の大幅な削減を命じられることになる。

北条氏攻撃を決定した秀吉は、北条氏を除いた後の関東を徳川家康に任せようとする。関東経営の根拠地として江戸に目を付けたのは、秀吉だった。ここを中心に広大な関東平野を押さえるのである。あたかも、室町将軍と鎌倉公方との二元政治が室町時代の武家政権による全国支配の基本構造だったように、関東に豊臣政権と親しい有力な大大名が必要だと考えたのである。

ところが、野心家の義康は戦国時代以来の関東の論理を押し通そうとした。庇護していた小弓公方・足利義明の子息頼淳《よりあつ》を奉じて、鎌倉公方家再興を標榜し、かつ北条氏によって奪われた旧領回復の好機ととらえて、軍勢を率いて三浦半島へ渡り戦闘したのである。

当然、秀吉はこれを黙認するはずがなかった。ただちに上総・下総の里見氏領を没収し、安房一国に減封した。この厳罰について、旧来は義康の小田原遅参、近年では「惣無事令」違反が理由としてあげられてきたが、秀吉の天下統一策の本質をみない議論である。

なお、かつて高等学校の歴史教科書にゴチック扱いだった「惣無事令」であるが、筆者は一貫してその存在を否定してきた。里見氏減封についても、発令されていない法令による説明の必要はないと考える。

時代を読み切れなかった義康であるが、政治センスは抜群だった。一転して秀吉との良好な関係づくりに腐心するのである。義康は、館山城への移転と城下町の整備を進める一方で、たびたび上洛し諸大名と親しく交わった。妻子を人質として京都に差し出し、朝鮮出兵のために肥前名護屋（佐賀県唐津市）にも出陣した。

秀吉が亡くなり慶長五年九月に関ヶ原の戦いが起こると、義康は結城秀康（家康次男）のもと東軍に属して下野《しもつけ》宇都宮城を守備した。戦後、論功行賞により常陸国鹿島郡三万石を加増され安房一国と合わせて十二万石の国主大名となった。安房館山藩の成立である。

慶長八年に義康が没すると、わずか十歳の梅鶴丸が家督を相続した。元服は将軍徳川秀忠の御前で行なわれ、一字拝領によって忠義と名乗る。さらに幕閣・大久保忠隣《ただちか》の息女を正室とした。ところが、盤石と思われた幕府対策も裏目に出る。慶長十九年一月の大久保忠隣の改易に連座して、忠義は領地を没収され遥か遠く山陰の伯耆倉吉に移された。

館山藩の取り潰しであるが、本質は家康にとって大坂の陣が既定路線だったため、その犠牲となったとみるべきだろう。海域支配の要衝館山に戦国時代以来居座る外様大名は、邪魔だったのだ。里見水軍は、消滅の運命にあったのである。元和八年（1622）、忠義は二十九歳の若さで失意のうちに没した。彼には子息がおらず、絶家となった。ここに、室町時代以来の名門・安房里見氏の歴史は幕を下ろした。

鋸山から望む東京湾。富士山もくっきりと見える。

現在の東京湾。里見氏ら水軍はこの海を縦横無尽に奔って活躍した。

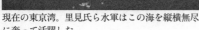

四　政宗の視圏（取材地／牡鹿半島）

■葛西領の没収

宮城県石巻市一帯は、中世を通じて葛西氏の所領だった。市内を一望の下に眺めることのできる日和山《ひよりやま》に石巻城を築いて天文年間（1532〜55）まで本拠とし、葛西七郡（牡鹿《おしか》・登米《とよま》・本吉・磐井・胆沢《いさわ》・江刺《えさし》・気仙の各郡）と桃生《ものう》郡東部および栗原郡東北部を領した戦国大名だった。

葛西晴信は、天正十八年（1590）の豊臣秀吉による小田原攻撃に参陣しなかった科《とが》で減封され、翌年になって改易された。大崎氏との抗争によって参陣できなかったという見方もある。葛西氏および隣接する大崎氏の旧臣と領民たちは、秀吉の奥羽仕置に対する闘争すなわち葛西・大崎一揆を試みた後、鎮圧軍によって徹底的に殲滅《せんめつ》された。

それは、大規模な放火はもとより抵抗しない老若男女を含む撫で斬りだったため、鎮圧された直後の葛西・大崎領は、きわめて重苦しい空気が充満したに違いない。生き残った人々も、豊臣軍の襲撃を恐れて焼き払われた村々から離れて小屋掛けして、なんとか身命をつないだのである。

天正十八年七月十三日に小田原から出陣した秀吉は、同月二十六日に行軍途次の宇都宮で、伊達政宗や最上義光《もがみよしあき》を召し出し、奥羽仕置の手始めとして南部信直・佐竹義宣・岩城常隆などの旧領を安堵した（宇都宮仕置）。そして八月九日には背炙山《せあぶりやま》を越えて、会津黒川に到着する。そこで臨済宗の古刹興徳寺（福島県会津若松市）を御座所とし、わずか五日間の逗留中に奥州仕置の基本政策を断行した。

小田原に遅参した政宗は、秀吉から会津黒川城を没収された。当城は、かつて蘆名《あしな》氏が居城としたが、秀吉の停戦令を無視した政宗が、天正十七年に摺上原《すりあげはら》の戦いに勝利し奪取して本城としていたからである。

あわせて小田原に参陣しなかった葛西晴信をはじめ石川昭光・大崎義隆・白河義親などの諸大名の所領を没収し、奥羽の押さえとして伊勢松坂城主だった蒲生氏郷に、陸奥国内の十二郡と越後小川荘を与えた。

ここで大抜擢を受けたのが、木村吉清である。かつて明智光秀の家臣だった吉清は、山崎の戦いの後に秀吉に仕え、取り立てられ五〇〇〇石を領有した。大名としてのしかるべきキヤリアもなく、いきなり六十倍にあたる旧葛西・大崎領三十万石もの大封を得て、葛西氏の本城だった寺池城（宮城県登米市）に入城したのである。

今風に表現すると、さしずめ「秀吉チルドレン」というところであろうか。四国でも九州でも、彼ら「にわか大名」によって悪政・暴政の限りが尽くされる。ここ、奥羽でも悲劇が繰り返された。

しかし秀吉にとっては想定内のことで、政宗を頂点に緩やかに進みつつあった奥羽の統一を、外圧によって短期間に実現するための捨て駒が必要だったのだ。名将氏郷を会津に置いただけでは、短期間で秀吉を中心とする統一など実現しないとみたからである。にわか大名たちの悪政・暴政は、豊臣化のための劇薬の役割を担ったのだ。

天正十八年八月から翌十九年にかけて、奥羽では太閤検地と刀狩が強行される。秀吉は、浅野長吉（長政）に厳格な仕置の執行を命じた。それが、歴史教科書にも登場する次の有名なくだりである。

百姓以下に至るまで、仕置に反対する者がいたなら、一郷も二郷もことごとくなで切りせよ。六十余州にかたく命じる。（中略）山の奥、海は櫓櫂《ろかい》の続く限り、念を入れて執行するように。いささかなりとも手を抜くようなことがあれば、私が直に出向いて厳命を申し付ける。

（『浅野家文書』所収天正十八年八月十二日付浅野長吉宛秀吉朱印状第四条）

しかし、仕置の執行によって葛西・大崎領一揆から和賀・稗貫《ひえぬき》一揆を経て九戸《くのへ》政実《まさざね》の決起に至る奥羽全域規模の抵抗運動が勃発する。地の利のない氏郷にとって、当初から苦戦が予測される事件だった。しかも政宗が一揆に荷担する動きさえみせており、氏郷はそれにも対処せねばならなかった。

■葛西・大崎一揆

天正十八年十月上旬、伝馬役の賦課をきっかけとして、大崎家旧臣や年寄百姓らが新領主木村吉清に反抗して磔《はりつけ》にされるという事件が、大崎氏の旧城下中新田《なかにいだ》（宮城県加美町）にほど近い米泉《こめいずみ》（宮城県加美町）で発生した。これが、燎原《りょうげん》の火のように旧葛西領の胆沢・気仙・磐井の諸郡（現在の岩手県）に飛び火し拡大する。

木村清久が、対策を検討するために、古川城（宮城県大崎市）から吉清の寺池城に向かう間に、岩手沢城（宮城県大崎市）が落城してしまう。このようにして、一揆は旧葛西・大崎領の全域に広がってゆく。寺池城からの帰路、清久は一揆に包囲され、救援に駆けつけた吉清とともに佐沼城（宮城県登米《とめ》市）に逃げ込んだ。絶体絶命のピンチである。

同月下旬、一揆勃発の報が会津黒川にも届く。氏郷は、秀吉に注進し、家康には加勢を依頼し、米沢の政宗に一揆討伐の案内役として先手に立つよう連絡する。そして家臣団を、一揆に包囲された木村氏救援軍と政宗来襲に備える会津黒川城番の二手に分け、十一月五日の早朝に出陣した。

氏郷は、政宗の重臣片倉景綱と連絡を取りながら進軍して十一月十四日に政宗に対面し、一揆攻撃を同月十六日と約束する。そして同月十五日付で起請文（誓約書）を交わして、相互の連携を約束した。

ところが政宗の家臣須田伯耆《ほうき》らが氏郷のもとに奔《はし》り、政宗が一揆に通じていることを警告する（『貞山公治家記録』など）。そこで十六日に氏郷は、急遽、大崎氏旧城名生《みょう》城（宮城県大崎市）に楯籠もり、二十四日には秀吉に対して政宗に異心のあることを急報する。

氏郷は、政宗との交渉を第一として年内は籠城を続け、天正十九年元旦に名生城から撤退し、解放した木村父子を伴い二本松城で浅野長吉と対面して、正月十一日暮方に会津黒川に帰城した。

上洛の後、氏郷は前田利家の仲介によって政宗と和解した。そのうえで、木村父子の旧領葛西・大崎十二郡の没収とその政宗への給与、政宗の所領会津近辺五郡の没収とその氏郷への給与が決定する。

天正十九年には、南部信直の有力一族である九戸政実が決起する。前年に発生していた和賀・稗貫一揆への対処も兼ねて、天正十九年六月に豊臣秀次と徳川家康が下向してくる。六月二十日付で秀吉は秀次に宛てて、奥州奥郡に向けての大動員令を発令した。その本質は、前年の現状を無視した性急な奥州仕置の失敗をうけての再仕置といってよい。

これ以上秀吉に反抗するわけにはいかなくなった政宗は、豊臣政権内での生き残りをかけて、葛西・大崎一揆残党の徹底鎮圧による城郭請取《うけとり》に余念がなかった。葛西氏にとって悲劇だったのは、政宗が城請取を通じて一揆に荷担した旧臣を皆殺しにしたことである。

七月に宮崎城（宮城県加美町）や佐沼城は陥落するが、雑兵に至るまで討ち取り、首八十と耳鼻一三〇を秀吉のもとに送った。さらに八月には、葛西氏旧臣を深谷荘糠塚（石巻市）に誘い出し、ことごとく斬首した。どうみても、政宗の一揆荷担をもみ消すための大量虐殺だったと言わざるを得ない。

それにしても、秀吉と結ぶことで南部信直から独立し領民を守った津軽為信《ためのぶ》と、旧臣や領民を塗炭《とたん》の苦しみに陥れ、しかも頼りにした伊達政宗にひねり潰された葛西晴信との政治的力量の差は、なんだったのだろう。おそらく、情報収集力と分析能力、そして武将としての胆力の違いに起因するのではないか。秀吉の奥羽仕置は、人災と言うほかない大惨事を招いたのだった。

■慶長大地震と遣欧使節

私が今回の旅でもっとも楽しみにしていたのは、石巻市の慶長遣欧使節船ミュージアム（サン・ファン館）に係留されたサン・ファン・バウティスタ号（復元船、映画『レジェンド&バタフライ』撮影後に老朽化によって解体されたが、二〇二四年のリニューアルに伴い後継船を建造中）との対面だった。

太平洋の大海原に突き出すように建設されたミュージアムに早速入り、館長（当時）濱田直嗣さんとお話しすることができた。濱田さんからは、慶長十八年（1613）に伊達政宗がメキシコに派遣した支倉常長《はせくらつねなが》ら慶長使節に関する最新の研究成果の数々をご披露いただいた。そのなかでも、特に説得力があったのは慶長十六年十月二十八日に発生した慶長大地震との関係だった。

東日本大震災にも匹敵する規模の地震（推定マグニチュード8）に見舞われ、約五十万人といわれる仙台藩領の人口にもかかわらず、「御領内において一七八三人溺死し、牛馬八十五匹溺死す」（『貞山公治家記録』）という大被害を記録している。

「政宗は、本丸を中心とする仙台城や城下町の建設を終え、領内の整備をめざしつつあったのですが、そのような折に壊滅的な被害に遭ってしまいました。外国との交易によって莫大な富を獲得して、一挙に復興しようとしたのではないでしょうか」、「これまでのように九州から西回りにヨーロッパに向かうのではなく、石巻から東回りでメキシコ（ノビスパン）さらにはヨーロッパに行く航路を発見したのは大きいことだと思います」、と濱田さんは仰る。

加えて、政宗による黒船（当時も黒い船体からこのように呼ばれた）造船は、決して秘密裏に行なわれたのではなく、慶長使節派遣も含めて家康との交渉のうえで実現したことも重要だ。造船にあたっては、幕府船奉行向井忠勝らの協力を得ているし、幕府関係者も使節団として一緒に渡航しているのである。

濱田さんは、メキシコとの通商の実現にあわせて、石巻湊を整備して長崎のような「経済特区」にするつもりがあったのではないか、北上川の改修や新田開発・塩田設営などともリンクさせてダイナミックな藩建設論の視点からお話しになった。このように、ともすれば「政宗の野望」という側面から語られることの少なかった慶長使節について、きわめて説得力のある見解をご紹介いただいた。

私も、かつて慶長年間におけるキリシタン勢力の伸張と将軍家の確立過程との関係から、政宗の動向に注目したことがある。濱田さんのお話は興味尽きないが、大坂の陣に至る政治史的側面から慶長使節についての私見を開陳したい。ここで注目したいのが、政宗の娘婿で二代将軍徳川秀忠の最大のライバルとなっていた家康六男の松平忠輝である。

■伊達政宗と松平忠輝

天正二十年（文禄元年／1592）生まれの忠輝は、兄徳川秀忠とは母を異にしていた。慶長三年（1598）に三河の長沢松平氏を継ぎ、慶長七年に下総《しもうさ》佐倉で四万石を得て大名となり、翌年には信濃《しなの》川中島十八万石に加増され左近衛《さこんのえ》少将に任官した。

忠輝には、家康から家老として国奉行や代官頭として辣腕《らつわん》をふるった大久保長安《ながやす》が付けられていた。長安は、慶長十五年に忠輝が越後福島城主七十五万石になったのをうけて、同年と翌慶長十六年の二度にわたって信濃・越後両国に入り、内政指導を行なっている。

忠輝は大久保氏一門に支えられるとともに、慶長十一年には政宗の息女五郎八《いろはひめ》姫と結婚し、その背後を固めていた。やがて忠輝は居城を福島城から高田城（両城とも新潟県上越市）へと移すが、慶長十九年には政宗自身が出向いてその縄張を打っている。政宗が、いかに婿殿に期待していたのかをうかがわせる出来事である。

家康は、忠輝を盟主とする幕閣・外様大大名グループが、秀忠の将軍家としての権力確立を阻む可能性を憂慮し、大久保氏一門の没落を画策し、速やかにそれを実行した。それが、慶長十八年の長安死去をとらえて、その一類を葬った大久保長安事件だった。

ここで注目したいのが、忠輝グループのいずれもが、キリシタンの理解者もしくは保護者であったことである。たとえば先述したように、政宗は、支倉常長（洗礼名ドン・フィリッポ・フランシスコ）をメキシコ経由でローマに派遣し、キリシタン諸国と独自の外交関係を築こうとしていた。次に、慶長十八年九月四日付でローマ教皇パウロ五世に宛てた政宗のラテン文書簡の日本語訳を抜粋する。

フランシスコ会の宣教師ルドヴィコス・ソテロ（ルイス・ソテロ）師が我が王国に来てキリストの法を告げ知らせようとした折、私の下を訪れ、私自らがその法を聞きましたが、彼は祭儀の一部である幾多の奥義や、キリスト教徒の荘厳な式典について更に説明してくれました。それらを心の中で熟慮し、真実で有益なる教えと悟りに到り、もし職務に乱されず、やむを得ぬ事情に妨げられなければ、その教えを自らの信条として広く知らしめるべきだと思った次第です。但し残念ながら今の私には力が及ばない故、少なくとも家臣及び領民にはキリスト教徒になってもらいたいと望んでいます。

（仙台市博物館所蔵、『仙台市史　資料編11』所収）

政宗は、慶長十六年十月中旬にソテロの説教を聞き、仙台城の城門と大広間にキリシタン布教の自由を掲示したことから、城下町仙台には二つの教会が建設された。また松島瑞巌寺《ずいがんじ》の石像を破壊し、藩領内の寺院の仏像の破壊を命じた。したがって抜粋した政宗の書簡の内容は、「外交辞令」というよりも、当時の彼の気持ちを率直に伝えているとみてよい。

家康は、キリシタン勢力の反秀忠勢力との結合を危惧して、慶長十七年には江戸・京都・駿府を始めとする直轄地に対して禁教に踏み切った。この段階で、家康が貿易を目的とするイギリスやオランダというヨーロッパ新教国との通商関係を結んでいたことも、禁教令の前提とみなければならない。

慶長十八年には全国的な禁教令が命じられるが、翌年十月に高山右近や内藤如安《じょあん》らの有力キリシタンがフィリピンのマニラに追放されたのは、彼らをリーダーとした国内外のキリシタン勢力が、治外法権的な大坂に向かうこと、さらには豊臣秀頼のもとに結集することを未然に防ぐための手だてと考えられる。なによりも、家康が彼らを国外追放したのと同時に、大坂の陣を決定したことが重要である。

これに関連して、宣教師レデスマは、「秀頼が、ジュスト（高山右近）が陣営に加わるならば、全日本の勢力をもってしても抗し得まいと信じた」（1614年フィリピン年報）と、また宣教師ウレマンが「もし右近が大坂方に加わっていたら、戦争の結果は随分違っていただろうと内府（家康）自身思った」（1615年と1616年の年報）と記していることに注目したい。

大坂の陣は、秀忠を頂点とする将軍家の確立のために行なわれた粛清劇のひとつであった。これによって、豊臣氏が滅亡したばかりか、忠輝と政宗の連携も断ち切られることになる。そのくさびとなったのが、大坂冬の陣の直後に家康が政宗に伊予板島（後の宇和島）十万石を給与したことである。

これによって、政宗の長男秀宗が分家・伊予宇和島藩を興した。政宗を懐柔し忠輝との結びつきを解消させることが狙いだったとみるべきだろう。なぜなら、大坂冬の陣において、かくも厚遇をうけた大名はほかにいないからである。奥羽支配に多大な影響力を持つ政宗を、強硬に除去することは困難とみた家康の、したたかな対処とみるべきである。

大坂冬の陣の講和直前の十二月十七日、政宗は茶臼山《ちゃうすやま》の本陣で家康と対面し、翌十八日には自らの陣所に藤堂高虎や脇坂安元らを迎えている。そして講和直後の同月二十八日に、秀忠から秀宗への知行宛行《あてがい》があり、政宗は二条城にいた家康に御礼の使者を遣わしている。

このような推移からは、政宗と板島領を預かっていた高虎や隣接する伊予大津（後の大《おお》洲《ず》）の城主脇坂安治の嫡子安元との会談は、偶然とは思われない。あらかじめ、家康から政宗に板島拝領の内示があったからではなかろうか。

続く大坂夏の陣において、政宗は家康のためにめざましく働いた。彼は、大坂落城の間際に脱走して自らの陣営に到着したスペイン人神父の保護を拒絶したように、キリシタンに対しても毅然とした態度で臨んでいる。

このような政宗の「生臭い」行動からは、慶長使節については、「大震災からの再生と復興」以前に、キリシタン国との通商に向けて動いているというカードを家康に示し続けることで、自身の存在感を訴えて圧力をかけたと理解するべきで、それが板島十万石の拝領として効いたのではないのか。「マキャベリスト政宗」は、理想のための投資のみで動くようなヤワな武将ではなかったと、私は理解している。

■仙台藩と国家的海防システム

サン・ファン・バウティスタ号からは、伊達政宗のキリシタン国との壮大な通商計画を想像するのと同時に、その後の海禁（鎖国ともいう。江戸幕府による統制貿易）政策のもとでの異国船の来襲に対応する海防体制の浸透について思いを馳せた。

寛永十六年（1639）に鎖国令を発した三代将軍徳川家光は、西国諸大名に命じて外国船の見張所を設置させた。翌寛永十七年、前年の貿易禁止令の撤回を求めて派遣されたポルトガル人使節全員を処刑した幕府上使加賀爪忠澄《かがつめただすみ》らは、その直後に九州の諸大名を島原および小倉に集めて、異国船の来航を監視する遠見番所の設置を指令し、播磨《はりま》室津（兵庫県たつの市）においても周辺の諸大名を召集して同様に指示している。

これによって遠見番所などの海防施設は、九州・瀬戸内地域をはじめとする西国沿海地域に急速に設置されることになる。正保三年（1646）には、これを拡大して全国諸大名の領内に外国船見張りの番所を置かせ、あわせて海岸防備を命じた。

たとえば、寛文七年（1667）には幕府巡検使による瀬戸内――摂津・播磨・備前・備中・備後・安芸・周防・長門・讃岐・伊予の各国――から九州にかけての十九か国に対する浦村調査が実施された。これによって、国郡別に村落ごとの領主名・高・家数のほか、遠見番所・舟番所・燈明堂・舟数・水主《かこ》数といった海防に関わる情報が、最大漏らさず記録されている。

江戸時代において、海賊衆は各藩の船手衆に編成され、平時の海域監視体制は遠見番所を管理する藩士や足軽そして各浦の百姓に任されることになった。戦国時代の海関《うみぜき》や海賊衆の海城から、豊臣時代の公儀海関を経て、遠見番所への推移のなかで、ようやく海賊禁止と海禁（鎖国）体制が実現するのである。

十七世紀中期以降、海防体制は整備され、最終的に南は先島諸島から北は奥羽諸藩にまで及ぶ全国的な海域監視網が成立する。仙台藩では二代藩主忠宗の時代で、北は気仙郡唐丹から南は宇多郡今神浜まで全長五十里（２００㎞）もの海岸線に五か所の黒船監視所を新設するとともに、各番所に近い重臣の采地《さいち》（領地）から軍勢をくり出し防備につくよう有事即応の態勢をとった。

従来の国境を監視する境目番所や、北上川の上下船舶を監視する川番所などに対しこれを新御番所と称したが、後に目的をはっきりさせるため唐船番所とした。その五か所とは、気仙郡八ヶ森唐船番所・本吉郡泊浜唐船番所・牡鹿郡鮎川唐船番所・桃生郡大浜唐船番所・亘理郡磯浜唐船番所である。

これらは、海岸段丘または岬角の最高所に方三mほどの土壇を築き監視所とし、その麓に方二間（約3・6m）の小さな建物があって見張り要員の詰所とした。この監視所のあった場所を、番ヶ森あるいは御番所山という。今回、復原されている鮎川唐船番所を訪れた。

この番所は、宮城県道二二〇号牡鹿半島公園線（牡鹿コバルトライン）の南端にある標高百八十八mの御番所山の頂上付近に位置する。公園中央の一番高い位置には、六角形の展望棟があって、牡鹿半島の全景から金華山、網地島、田代島さらには太平洋の大海原など、すばらしい景色を眺望することができた。私たちは、公園で三六〇度に広がる絶景を堪能したうえで番所に向かった。

唐船番所であるが、六畳の和室と二畳ほどの土間からなる小屋だった。ここに士分の者（米の密輸を取り締まる脱穀改め役人が兼務）と直参足軽の二名が一組となって常時五人が詰め、監視を担当したというが、相当に気詰まりな毎日だっただろう。この足軽たちは仙台から派遣されたのではなく、地元鮎川やその周辺の住民が「足軽」として任命され、交代で勤務したという。

私は、かつて江戸時代初期における瀬戸内から伊勢湾に及ぶ海域監視体制について調べたことがあった。たとえば、紀州藩では紀伊半島の要地に遠見番所が緊急情報を知らせる狼煙《のろし》台とともに点在し、郷士である「地士」が各番所に詰めて異国船の監視をした。

緊急時には、狼煙によって和歌山藩庁に伝達して藩兵の出動を要請するとともに、海岸地域の村々の武力行使を容認していたことがわかった。仙台藩においても、同様の海防システムが機能していたのである。

■貞山運河

海防体制の充実の一方で、仙台藩では海運を重視した。読者諸賢は、貞山《ていざん》運河をご存じであろうか。伊達政宗の法名である貞山に由来する長大なこの水路は、慶長二年（1597）から開削が始まり、明治十七年（1884）に全長が完成したとされる、ただし、慶長年間には、まだ軍事的緊張がみなぎっており、しかも仙台城やその城下町の建設に手一杯で、とてもそのような余裕はなかったとする見方もある。

仙台城下町への物資輸送のために開削されたのがはじまりで、最終的に運河群は総延長四十九㎞となり、横断する塩釜湾と松島湾を含めると約六十㎞にも及んだ。政宗の時代と明治時代が掘削のピークであり、明治時代に政宗の遺徳を偲んで命名された。

初期の運河は、阿武隈《あぶくま》川（岩沼市）から名取川（名取市）までの間の約十五㎞を、海岸線に平行して掘削した木曳堀《こびきぼり》である。これは、仙台城や城下町を建設する際、必要とする大量の木材を、阿武隈川流域の丸森や角田方面から切り出し、それを運ぶために開削されたものである。材木は阿武隈川を下り、木曳堀を通って名取川河口の閖上《ゆりあげ》まで運ばれ、そこからは名取川を遡上し仙台市内の南材木町まで運ばれた。

十七世紀中期になると大規模な新田開発が進み、収穫した米穀を貞山運河を利用して仙台に運ぶようになり、さらには江戸まで運び出すこともできるようになった。産出された米の仙台藩による江戸廻米《かいまい》量は、全国諸藩のうち最大だったといわれる。

その画期となったのが、今回お邪魔した石巻における本格的な開港だった。広大で肥沃な北上平野を貫く北上川の河口に位置する石巻は、古くからの港町であった。寛永年間までに、北上川は改修され、大量の米穀を保管する「御蔵」が設置された石巻は、重要港湾都市としてにわかに注目されるようになった。

仙台藩は、数百石積みの石巻穀船によって江戸深川に廻送したが、米価は地元よりはるかに高く、藩財政を潤わせたという。江戸に集まる仙台米は、貞享年間(1684〜88)には三十万石にもなり、消費米のほぼ半ばを占めるようになったという。

取材を終えた帰路、仙台駅で待ち時間があったので、ふらりと書肆に立ち寄った。すると、東日本大震災のコーナーがあり、地元出版社による力作の数々が並んでいた。そのなかで、被災直後と現在の写真を対比的に配列している『あれから5年 3・11東日本大震災写真集』を購入し、固唾を飲むようにページをめくった。

特に注目したのは、貞山運河が開削された石巻湾・松島湾・仙台湾の沿岸地域である。政宗も想像しなかったであろう大津波に、堤防や護岸が大きく被災し、津波の引き波で集められた瓦礫で埋没した所も少なくなかったと言うが、確かに写真集からは想像を絶する大被害が伝わってきた。

地元宮城県では、運河群が大津波の遡上を遅延させ、津波の戻り流れをも集約したことで、一定の減災効果があったとする専門家の見解をとりいれ、二〇一三年に「貞山運河再生・復興ビジョン」を策定し、復興のシンボルとして誇れる運河群の再生を計画しているという。

二〇二二年四月には、一般社団法人貞山運河ネットが立ち上げられ、「伊達政宗公の壮大な遺産貞山運河を誇りとし後世に伝えるとともに、貞山運河を活性化し多くの人が集える場をつくりあげる」（同ＨＰより）ことをスタートさせている。

令和四年まで係留されていたサン・ファン・バウティスタ号（復元船。現在は解体）。

仙台藩の使節はこの地から出航した（月浦湊の現況）。

月浦の地には渡航の責任者・支倉常長の銅像が立つ。

石巻市牡鹿の高台に残る御番所跡。船舶の航行が一目瞭然。

五　キリシタンの波動（取材地／西彼杵《にしそのぎ》・島原半島）

■黒船のランドマーク

長崎県佐世保市にあるハウステンボスを横目に西海橋を渡って佐世保湾に出るとやがて、山頂に白い十字架が見えるお椀を伏せたようなかわいい小島「八ノ子島」が至近に見えてきた。ここからチャーターした遊覧船に乗って、小島を周回した後に、佐世保湾巡りを楽しむのである。その前に、横瀬浦（西海市）の繁栄について記しておきたい。

横瀬浦が南蛮貿易の中核的な都市となったのは、肥前松浦《まつら》氏の城下町平戸（長崎県平戸市）にポルトガル人が来航しなくなってからである。原因は、永禄四年（1561）に平戸の七郎宮で勃発した日本人とポルトガル人との商売をめぐる武力抗争だった。その結果、カピタンモール（司令官）のソウザと十三人のポルトガル人が殺害された（宮ノ前事件）。しかも、松浦氏が日本人を処罰しなかったため、平戸における南蛮貿易は中断することになった。

ポルトガル人は新たな貿易港を探したのであるが、その白羽の矢が当たったのが横瀬浦だった。理由は、松浦氏に対抗できる領主が治めていることと、波静かな佐世保湾内で水深の深い良港だったからである。ポルトガル人は、当地の領主である大村純忠《すみただ》に許可を求めた。利に賢い純忠は、布教許可を認めるかわりに、南蛮貿易を振興して横瀬浦を国際貿易都市にすることにしたのである。

桟橋からわずか三〇〇m沖合に浮かぶ八ノ子島には、ポルトガル人の宣教師ルイス・デ・アルメイダの記録によると十字架が建てられていた。現在の山頂に立てられた白い十字架は、昭和三十七年（1962）に復元されたもの。横瀬浦をめざす南蛮船にとって、ありがたいランドマークとなったことであろう。青い空、碧い海に映える八ノ子島を何回か廻った後に、佐世保湾をクルージングしたのだが、想像を遥かに超えて広い。

■国際貿易都市横瀬浦

佐世保湾と西海橋から南に広がる大村湾の内海の世界を、大村氏は支配していたのであるが、やはりその実態は海賊大名と呼ぶべきだろう。佐世保湾と大村湾を扼《やく》する針尾には、大村純忠の家臣だった針生伊賀守の城郭があったことを、船上からご教示いただいた。

伊賀守は横瀬浦の開港に尽力した地元勢力だったが、永禄六年七月に純忠と敵対する後藤貴明（大村純前の子息で肥前後藤氏の養子となる。養子入りして大村氏当主となった純忠と激しく対立する）

方に属して、横瀬浦にいた外国人宣教師を殺害し町を焼き払うという事件（横瀬浦事件）を引き起こし、以来一貫して反純忠勢力に属した。

クルージングを終えた私たちは、横瀬保育所付近にあったといわれる純忠屋敷跡から横瀬浦史跡公園をめざした。ここには、教会をイメージした展望台などの観光施設があり、穏やかな入江や町並みを一望しつつ、かつて外国人で殷賑《いんしん》を極めた上町・下町などの国際貿易都市を偲んだ。

公園内で、大著『日本史』（Historia de Japam）で有名な宣教師ルイス・フロイスの等身大（195cm）の立派な銅像と対面した。『日本史』とは、内容的には日本教会史のことである。ポルトガルのリスボンに誕生し、イエズス会に入信したフロイスは、布教のためインドのゴアを経由して日本を目指した。フランシスコ・ザビエルとも親交があったようだ。フロイスがはじめて日本に上陸したのが、この横瀬浦だったのだ。

そして横瀬浦の繁栄と没落を見聞し、それから京都に向かい、信長や秀吉をはじめとする実力者たちとの交流をもち、その堪能な語学力を駆使して慶長二年（1597）五月に死去するまで大著を書き続けたのである。筆者は、院生時代に『日本史』を通読したが、バテレン追放令など日本の法令を実に正確に翻訳していることに仰天した。宣教師たちの精度の高い情報収集力と豊かな語学力が、島国日本を世界政治の舞台に導いたのである。

かつて教会や関係施設が建ち並んだ故地につくられた公園を散策しながら気になったのは、「寺屋敷跡」が残されている通り、ここにはもともと仏教寺院があったと思われ、破壊された墓石が点在していたことである。入信した純忠は、敬虔《けいけん》というよりも頑固な信者になったため、徹底的に寺院や墓などを破壊したと言われるが、その関係遺物かもしれない。

純忠の信仰心が、湊町横瀬浦を国際貿易都市へと押し上げたのだが、それ故の仏教徒弾圧が、やがて家臣たちの反発を招き、当所を壊滅させる焼き討ち事件へと発展したのではなかろうか。以後、南蛮貿易の舞台は、長崎へと移ってゆくのである。

■トルレス神父

肥前横瀬浦（長崎県西海市）が国際貿易港としての機能を果たしたのは、わずか三年間のことだった。しかし、その歴史的意義は決して小さなものではなかった。スペイン人のコスメ・デ・トルレス（トーレスとも）神父をはじめとするイエズス会宣教師たちが、国際都市建設地の選定、その地の大名との交渉、キリシタンを市民とする都市の建設、大名のキリシタン入信、大名による都市の寄進、これをすべて成功させたからである。

佐世保湾内の小さな港町だった当地に、イエズス会の教会と修道院と大きな十字架が建設され、沖合の八ノ子島にも十字架が上がった。その風景を活写した書翰がポルトガルやローマに送られ、印刷されてヨーロッパのカトリック世界に伝えられたのである。トルレス神父は、フランシスコ・ザビエルとともに、一五四九年八月十五日に鹿児島に上陸した。日本での布教にめどをつけてインドに渡るザビエルに後事を託されたトルレスは、山口、豊後、肥前などの各地を巡りながら、宣教師の教育、日本人への布教などを積極的に行なった。

トルレスは、肥前平戸にかわって横瀬浦を日本布教の根拠地にしようとした。彼が横瀬浦に一年以上も滞在したことによって、九州全体に信者が増加した。しかし、大村氏の内紛に巻き込まれてしまい、国際貿易都市も灰燼《かいじん》に帰してしまった。

横瀬浦の壊滅について、アルメイダは一五六四年十月十四日付の書翰に、「横瀬浦の港は、たちまち近くにいた敵の一人によって秘かに焼かれてまった」(『イエズス会日本報告集』)と記している。彼は、大村純忠の娘婿であり、キリシタンだった長崎純景《すみかげ》に接近し、その領地長崎で布教を開始した。

ポルトガル船は、横瀬浦が焼亡した後は福田(長崎市)に来航するようになっていた。しかし当地は角力灘《すもうなだ》に面しており、風波が強く港湾都市としては難点があった。これにかわって目を付けられたのが、湾の奥に位置する波静かな長崎だったのだ。ここに教会が建設され、今に続く国際港湾都市が誕生した。

■長崎の建設

元亀二年（1571）の長崎開港に関して、フロイスは「ドン・バルトロメウ（大村純忠）と必要な協定を行なった後、司祭、および定航船の援護のもとに家族連れで住居を設けていたキリシタンたちは、その（長崎に）決定的で確乎《かっこ》とした定住地を創設し始めた」（『日本史』）と記す。

建設当初の長崎は、六町からなっていた。それが、島原町・大村町・外浦町・平戸町・文知町・横瀬浦町だった。横瀬浦から移住した人々もいたのである。彼らは、各地のキリシタン亡命者とみてよいだろう。横瀬浦の焼亡後に、その規模を遥かに上回る国際貿易都市が、キリシタンによって築かれたのだ。

イエズス会巡察使ヴァリニャーノは、一五七九年から一五八二年まで日本に派遣され、各地における布教活動を指導した。織田信長との交流は有名であるが、大村氏との交渉によって長崎を教会領としたことは、日本キリシタン史上、特筆すべき出来事であった。

大村純忠・喜前《よしあき》父子の寄進状には、長崎と茂木（長崎市）を周囲の田畑とともに永久に無償で寄進する、イエズス会に死刑も含む裁判権を与える、ポルトガル船の入港税・停泊税も徴収してよいなど、両地の領有権をすべてイエズス会に譲渡するという内容だった。大村氏に留保されたのは、ポルトガル船をはじめとする船舶からの物品輸入税のみだった。

一見、大村氏には、ほとんど利益をもたらさない寄進のようにも見えるのだが、その背景には龍造寺氏や有馬氏ら周囲の戦国大名の攻撃から長崎を守るために、イエズス会を後ろ盾としたいとの思いがあった。

ヴァリニャーノの一五八三年の『日本諸事要録』からは、長崎には、高台の岬の先端に教会と住居が建設され、その背後に六町が配置されていたこと、陸地に続く部分は要塞と堀で守備されていたこと、四〇〇軒のキリシタン家屋が建設されたことなどが記されている。長崎は、戦闘を通じて城塞都市化されたのであるが、内部の各町が武装していたことも重要である。

天正十三年（1585）のフロイスの年報によれば、長崎には司祭四名と修道士二名が駐在していること、マカオからの定航船が来航して交易が行なわれていること、全住民がキリシタンであること、住民が増えたため教会を増築したことなどが報告されている。
これらの記載からは、長崎が順調に教会領として発展しつつあったことがうかがわれる。このような動向対外交易による利益をもとに武装し、町を要塞化していったのである。このような動向を危を危険視し、待ったをかけたのが豊臣秀吉だった。

■バテレン追放令

天正十五年三月一日に大坂から九州に向けて出陣した秀吉は、同月二十一日に赤間関《あかまがせき》（山口県下関市）に到着し、先発の実弟秀長と合流した。これより軍隊を二分し、秀吉は筑前・筑後・肥後経由で、秀長は豊前・豊後・日向経由で島津氏の薩摩をめざすことが決定する。

戦闘は激烈を極めたが、先陣をきって活躍したのは高山右近・黒田孝高《よしたか》・蒲生氏郷らキリシタン大名だった。彼らにとってこの戦いは、島津氏に蹂躙《じゅうりん》された大友氏ら九州のキリシタン勢力を救済する聖戦だったからである。

秀吉は、島津氏を降した後に筑前筥崎宮《はこざきぐう》（福岡市）に滞在して仕置（戦後処置）を行なったが、その際に有名な「バテレン追放令」を発令した。教会領となっていた長崎の要塞化を知った秀吉が、キリスト教の浸透を危惧し、重用していたキリシタン大名高山右近に棄教を迫ったが拒絶されたのを受けて、ただちに断行したのである。

バテレン追放令は、直前に発令された海賊禁止令とも相俟《あいま》って、外交からキリシタン大名を排除して南欧国家の侵略に備えるとともに、莫大な利益をもたらす生糸に代表される南欧貿易を秀吉が独占するための、必要不可欠な方策だったといえるであろう。

秀吉の宣教師に関する認識は、正しかった。たとえば、宣教師コエリョがフィリピンのイエズス会布教長アントニオ・セデーニョに認《したた》めた一五八五年三月三日付の書簡には、「(マニラ)総督閣下に、兵隊・弾薬・大砲及び兵隊のために必要な食料、一~二年間食料を買うために必要な金を充分搭載した三~四艘のフラガータ船を、日本のこの地に派遣していただきたい」と記されている。宣教師たちが、長崎に武器弾薬を配備して要塞化する一方で、マニラを拠点とするスペイン艦隊の来援を要請していたのである。

スペイン艦隊が精兵を率いて戦国大名間の戦争に介入すれば、植民地化のきっかけになることは明らかだったのだ。当時、世界の銀の三分の一まで産出したといわれる日本に、彼らが興味をもたないはずはなかっただろうから。

近年の研究によると、庇護を受けていた大村氏や有馬氏らキリシタン大名の軍事力に期待できないことを知ったイエズス会が、長崎の要塞化を通じて軍事的自立をめざしたことが指摘されている。情報通の秀吉が、このような不穏な動きを知らなかったはずはないだろう。

これに対応して、秀吉は藤堂高虎を長崎に派遣して政権の直轄領へと編入したのであった。キリスト教の布教と一体になった植民地化というアジア諸地域で進んでいた深刻な事態を、ごく初期に回避したという点では、秀吉の政治感覚を評価するべきであろう。

ただし、長崎のキリシタンたちは高虎方の役人に賄賂を掴ませて、秀吉の命じた教会や城壁の破壊は行なわせなかった。高虎は、それを知っていただろうが、特に強制もしなかったようだ。しかも、秀吉が収公を命じた長崎・茂木・浦上についても、元の領主である有馬氏や大村氏にいったんは返却したようだ。天正十六年になって、長崎は秀吉の直轄領になる。ここに長崎代官が置かれ、豊臣政権が南欧貿易を独占することになった。

■トルデシリャス条約

長崎の要塞化については、イエズス会による内部の六町に居住する日本人信者の信仰と自治を守るための方策として紹介した。しかし、これは一面であり、むしろイエズス会の世界戦略という視点から理解した方が正確である。

時は「大航海時代」。コロンブス、マゼラン、ヴァスコ・ダ・ガマに代表される航海者、探検家、商人が活躍できたのは、西洋諸国において、羅針盤を用いた航海術が普及し、逆風が吹いても前進可能な大型帆船が造船されるようになったからだった。地動説が浸透したのは、彼らの命がけの航海によって地球が丸いことが証明されたからでもあった。

スペインやポルトガルといったイベリア半島の両国は、優秀な航海技術をもとに莫大な富を求めて海外征服をめざすことになる。彼らは、あらかじめ利権がぶつからないように、ローマ教皇も交えてキリスト教以外の異教世界を二分した。両国間における排他的な航海領域の設定と新発見地の領有や独占権については、一四九四年六月七日付のトルデシリャス条約の締結によってルールが決定された。

ベルデ岬（アフリカ大陸最西端、セネガル領内の岬）の西沖の三七〇レグア（スペイン・ポルトガルで使用された距離単位、ポルトガルでは5000m）を通る経線を基準に、東側全域をポルトガル領、西側全域をスペイン領としたのであった（デマルカシオン）。このように、両国によって勝手に未発見の諸国も含めて地球規模で領地が分割されたのだった。

この条約によると、日本はポルトガル領となる予定だった。ポルトガル国王は、このような一方的な植民地化を正当化するために、ローマ教皇に働きかけて、新発見地に対するカトリック化を奨励し、保護する姿勢を示したのであった。

イエズス会が創設されたのは、一五四〇年にローマ教皇パウルス三世の許可による。宗教改革に対するカトリック世界の対応として生まれた教団とみることもできる。イエズス会は精力的に布教地を求め、インドさらには中国、そして日本へと宣教師を派遣した。

教団としての誕生は、フランシスコ・ザビエルをはじめとする七人の同志がパリのモンマルトルの丘の聖堂で誓願を立てた一五三四年八月十五日。ザビエルが日本人ヤジロウの案内で薩摩半島の坊津《ぼうのつ》に上陸したのは、一五四九年のことだった。その折の同行者としてトルレスがいた。

ザビエルが日本を去った後、その立場を引き継いだトルレス（布教長）や、トルレスに感化を受けたアルメイダらの精力的な布教活動を通じて、一五七〇年までに約三万人の改宗者を獲得し、信長時代には約十万人の信者が誕生したといわれる。

信者がいたのは、大きくは三か所だった。すなわち、「下《しも》」とよばれる九州の天草・島原地域、キリシタン大名大友氏が治める豊後、そして畿内だったが、その分布は圧倒的に九州に偏っていた。

■献身的な布教

当初、イエズス会は本拠地を肥前松浦氏の平戸としたが、迫害を受けたため大村氏の横瀬浦へ、同所焼亡の後は福田を経て長崎へと拠点を移した。武器の援助をはじめ様々に協力しても、龍造寺氏を退けるほどの強力なキリシタン大名が育たなかったため、自力で教団を維持する方向を選んだ。

それが、長崎の要塞化だった。長崎をイエズス会の宣教師とキリシタン信者の自治都市とし、城壁や堀を普請し、大砲や鉄炮を巧みにあやつる兵士で固めたのである。これは、イエズス会の運営資金を守るための有効な方策でもあった。ここで、高橋裕史氏の労作『イエズス会の世界戦略』によりながら、その収入源について紹介したい。

ポルトガル国王は、植民地支配の正当化のために、イエズス会に対して海外渡航の便宜や経済的援助を行なった。したがって、イエズス会の収入の第一は、ポルトガル国王からの給付金だった。次いでローマ教皇からの年金、篤志家からの喜捨、インド国内の不動産からの収入、公認・非公認の貿易（斡旋や仲介も含む）などがあげられる。

ただし、日本が極東にあったため行き来がままならず、これらはいずれも不定期かつ教団を維持するには少額といわざるをえなかった。イエズス会の世界教団化に伴う急速な拡大と国王給付金の遅配により、日本のイエズス会は常に資金不足に悩まされたという。虎の子の資金を守るためにも、長崎の要塞化と住民の武装化が進んでいったのである。

このような教団を政治的・軍事的に守ろうとする動きに対して、信者獲得のために地を這うような努力があったことを忘れてはならない。トルレスやアルメイダのような、日本の名もなき庶民の悩みと向き合った献身的な布教活動があったからだ。ここで、彼らの活動の一端をご紹介しよう。

トルレスの記事は、フロイス『日本史』に頻出する。市井に交わり、清貧に徹した人生だった。彼は、日本布教長という最高位の宣教師だった。しかし他の宣教師とは異なり、肉食をやめ、質素な日本食を食べ、和服を着て布教に勤《いそ》しんだ。

イエズス会は、役職による上下関係に厳格な教団であったが、日本の庶民と一緒に生きた。彼は、布教の傍ら、一五六三年には大村純忠に洗礼を授けて初のキリシタン大名とし、横瀬浦を拠点とするべく奔走し、やがて長崎の開港（1571年）に向けて尽力した。

アルメイダは、ポルトガルのリスボンで医師免許を取得した後に、インドのゴアから中国のマカオに向かい、中国と日本の貿易に従事し、約三〇〇〇クルザード（ポルトガルの通貨の単位）といわれる巨万の富を築いた。一五五二年には日本を訪れ、トルレスに会うために平戸から山口に向かい、彼の献身的な布教活動に心打たれて入信し、その後の約三十年に及ぶ人生を日本人への布教と医療にあてた。

『日本史』には、アルメイダの喜捨によって司祭館が維持されたことに関わって、「彼の手腕によって司祭、修道士、および司祭館（や修道院）を扶養してきた」と経済的支援について特筆されており、続けて豊後府内（大分市）において修道院に付属する病院をつくったことが詳述されている。

西洋医学にもとづく病院を日本ではじめて建設したアルメイダは、それに孤児院の機能ももたせている。当時、鉄炮の鉛玉が体内に残った場合、日本には外科がなかったため、その猛毒に対処できなかった。外科手術に長けていたアルメイダは、多くの人々の命を救った。

■発掘された大量の遺骨

長崎県の「潜伏キリシタン」関係遺跡を訪ねる旅の二日目である。私たちは、朝から天草・島原一揆の舞台、島原半島の南端に位置する原城跡（長崎県南島原市）をめざした。筆者は、これまでに何度もこの島原湾を見下ろす広大な城跡を訪れているが、その都度、遺跡整備が進んでいるのには驚かされる。

かつて、拙著『天下統一』執筆のための取材旅行の一環として訪れた折に、一揆に参加した老若男女の大量の遺骨（レプリカ）を資料館（現在の有馬キリシタン遺産記念館）で拝見し、衝撃を受けたことが記憶に新しい。

確か当時は入館してすぐに見ることができたように記憶しているのだが、現在は資料館がリニューアルされて一番奥に陳列され、遺骨の発掘状況がわかるように三層に分けて丁寧に展示されている。本施設は、世界遺産登録推進のため平成二十六年四月にオープンしたそうだ。

本丸大手虎口《こぐち》前の空間を発掘した結果、一体としてまとまった遺骨が見つからなかったとのことである。本丸でバラバラに惨殺した遺体を下の空間に捨てたことが判明している。その上に石垣を崩して埋めたまま三世紀以上の年月が経過したのである。凄惨と言うほかないが、同じ取材で訪れた陸奥《むつ》九戸《くのへ》城（岩手県二戸市）における発掘で発見された惨殺遺骨と同様だった。

天草・島原地域でキリシタン一揆が発生したのは、寛永十四年（1637）十月のことだった。キリシタンに対する弾圧ときびしい年貢収奪に耐えかねた両地域の農民が一揆を企てたのである。近年の研究は、やむにやまれず民衆が暴発したというイメージではなく、改易されたキリシタン大名小西氏らの旧臣すなわち牢人や庄屋たちが頭目となって、談合のうえでつまり計画的に決起したことを指摘する。

■一揆勃発

天草四郎（益田四郎時貞、洗礼名フランシスコ）を大将とした一揆軍は、肥後本渡《ほんど》城（熊本県天草市）などの天草支配の拠点を攻撃し、十一月十四日の本渡の戦いでは、富岡城代の三宅重利（熊本藩重臣、明智秀満の子息）を討ち取った。勢いに乗った一揆勢は、唐津藩兵が籠もる肥後富岡城（熊本県苓北町）を攻撃したが、攻めきれなかった。島原の一揆勢は、松倉氏の島原城（森岳城）を攻撃したが、こちらも善戦するが落城には至らなかった。

この段階で天草と島原の一揆勢は、前任大名有馬氏の支城だった原「古城」に目を付けて入城した。戦国大名有馬氏は、かつて島原半島一帯に勢力を誇ったが、龍造寺氏の南下によって半島南部に領国を縮小していた。有馬晴信は、朱印船による海外交易で巨万の富を築いており、居城日野江城（南島原市）とその城下町は繁栄していた。

豊かな経済力を背景に旧領を回復しようとした晴信は、家康の謀臣として権勢を誇っていた本多正純に目を付け、その家臣岡本大八に賄賂をもって接近したが、トラブルに巻き込まれ処罰されてしまう。有名な岡本大八事件である。

幸運にも、子息直純《なおずみ》は家康の養女を正室としていたため連座せず日野江藩主となり、慶長十九年（1614）七月には日向延岡藩五万三〇〇〇石に国替となった。この後任として入国したのが、元和二年（1616）に四万三〇〇〇石を預けられた松倉重政だった。

重政は一旦は日野江城に入るが、同年から島原城の築城を開始する。寛永七年に重政が急逝して後は、子息勝家によって工事は強硬に進められた。小藩にふさわしからぬ大規模城郭の普請が、一揆勃発の要因の一つとして数えられている。

一揆勢が抵抗拠点として原古城を選択したのは、元和元年発令の一国一城令によって廃城になっており、入城が容易だったからとみられてきた。ところが関係史料と発掘調査をあわせて検討すると、その理由は変更せざるをえない。

■ポルトガルからの援軍

原城は、有馬晴信時代には日野江城と併存していた。正確には、晴信は原城を築城して、本城を移転しつつあったとみられる。両城は距離にしてわずか三㎞しか隔たっていないのである。これほどの規模の城郭が近接しているのは、不自然だ。事実かどうか確認はできないが、往時の両城は海上を橋で結ばれていたというから（『有馬氏系図』）、一体的に利用していたのかもしれない。

日野江城跡からは、直線的な立派な石段遺構をはじめ、金箔瓦や野面《のづら》積みの大規模石垣などが確認されており、晴信の時代に戦国城郭を立派な織豊系城郭へと改修したことがうかがわれる。晴信は、雲仙山麓の地味が豊かではない領地に依存するよりも、至近の口之津を利用した南蛮貿易による繁栄に傾注しようとしたのである。

そうすると、周囲が遠浅の日野江城よりも、直接海に面しており、口之津を把握することができる原城に拠点を移そうとしたと理解される。原城には天守とみられる三重櫓《やぐら》が海側にそびえていたが、ここからは口之津方面がよく見通せる。

服部英雄氏（九州大学名誉教授）は、一揆側が各地のキリシタンに対して次々と使者を派遣して一緒に決起するように呼びかけたこと、天草四郎の父親甚兵衛が、一揆が始まった時点でキリシタンの多い長崎に向かったことなどから、国内に内乱状況をおこそうとした形跡を指摘された。さらに、幕府軍の総大将松平信綱の「追付け南蛮より加勢に指し越し候（まもなくポルトガルから援軍が派遣されます）」（『綿考輯録《めんこうしゅうろく》』）との認識から、一揆はポルトガルからの援軍を待っていたと推論される。

そうであるならば、信綱がオランダに沖から原城を攻撃してほしいと依頼したのは、もしもポルトガルが援軍に来たとしても、新教国（プロテスタント）であるオランダが応戦することを一揆側に示すものだったとみることも可能である。

有馬氏の後に入国した松倉氏が原城を本城に取り立てず、新たに島原城の築城を開始するが、日野江城と原城の石垣をはじめとする資材を転用したといわれている。ところが、発掘した石材によって原城の本丸石垣は見事に修復されている。本丸大手口は、石垣が取り壊され内側に放り込まれ、その下からおびただしい量の人骨が発見された。しかも石垣に加えて、瓦も大量に出土している。

ということは、原城が天草・島原一揆鎮圧後に幕府方によって徹底的に破壊される以前には、少なくとも本丸の石垣の大部分と本丸の建造物の一部は残存しており、簡単な改修によって近世城郭としての機能を回復することができたとみられるのである。

以上からは、一揆側が島原湾に面する原古城をめざしたのは、ポルトガルを意識してのものと考えることができる。それに加えて、一揆側は防戦のための現実的な対応として原古城を選択したと、筆者は考えている。

↑南蛮船格好の目印だった八ノ子島。横瀬浦港から300mの沖合に浮かぶ島だ。→現在の横瀬浦。

横瀬浦公園の一角に立つルイス・フロイス像。

有馬キリシタン遺産記念館の展示。一度は訪れてみたい博物館だ。

島原の乱が繰り広げられた原城跡。城内には天草四郎の像が立つ。下の写真は原城跡海沿いの絶壁。

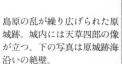

六　豊臣と徳川との間《はざま》（取材地／津軽半島）

■北の北畠氏を訪ねて

読者諸賢は、伊勢の国司大名北畠氏の一門といわれる大名が、奥羽でも活躍していたことをご存じであろうか。「浪岡御所《なみおかごしょ》」として知られた津軽北畠氏である。南北朝時代、陸奥に下向し強勢を誇った鎮守府将軍北畠顕家《あきいえ》（親房《ちかふさ》の子息）の流れを汲《く》み、織田信長の時代まで本州の最北端の大地に深く根を下ろしていた。

以前、伊勢国司北畠氏に関する共同研究を主宰した私にとって、津軽北畠氏の居城浪岡城（青森市）はぜひ訪れてみたい城郭だった。

青森市中世の館には、浪岡城に関する歴史資料が大量に展示されていた。文献史料と発掘資料の分析にもとづく浪岡城の復元図やジオラマなどで、当時の城郭とその周辺の政治・社会・生活環境がわかりやすく解説されていた。

特に感銘深かったのは、津軽独自の地理観である。私たちは、無意識のうちに中世以前では古都京都や、近世では政権都市江戸を中心に据えて、そこからの距離の遠近によって歴史像を描いていなかっただろうか。いつのまにか、こんな狭い国内にもかかわらず中心と辺境という見方がすり込まれていたのである。

浪岡城跡からの出土品は約四万点といわれ、展示品からは中世の豊かな生活がうかがわれる。たとえば、中国製青磁・白磁・染付や日本製の瀬戸・美濃・唐津などの碗や皿、越前や珠洲《すず》などの陶磁器も大量に使用されていたことがわかっている。また化粧・茶の湯・香に関係する品々や鎧・太刀・鉄炮などの武具の出土も城郭らしい特徴である。それにしても、点数の多さ以上に九州産まで含む地域色と東アジアに及ぶ国際色には驚いた。

■最北端の国際都市

考えてみれば、浪岡城を中心として京都までの直線距離八〇〇kmは、同心円上に樺太《からふと》や沿海州諸地域が含まれる。出土品に中国産の物品が多数含まれるというから、同心円をさらに北京までの二〇〇〇kmに延ばせば、琉球も上海も、そしてカムチャッカ半島までが交易圏内に含まれる。

浪岡の地は、環シナ海へと続く日本海という巨大な湖を控えた要衝として位置づけることができるのである。またアジアの中枢都市北京からの直線距離となると、京都も浪岡もさほど変わらないのだ。

浪岡城の特徴としては、武士のみならず職人や商人が城内に居住していたことがわかっている。要するに、城塞都市というべき特徴をもっているのである。先年、九戸城《くのへ》（岩手県二戸市）をはじめとする南部氏の城郭を調査する機会があったが、大規模な曲輪《くるわ》が連続しており、領民の居住が含まれた城塞都市だったことが確認された。これが、奥羽の城郭の特徴と言うことができるであろう。

また、城跡から一万一〇〇〇枚もの銭貨が出土したことは興味深い事実である。古いものは開元《かいげん》通宝で、新しいものは永楽《えいらく》通宝というから、七世紀から十五世紀の間に鋳造された中国の銭貨である。これらは実際に流通していたものも含まれるが、備蓄銭や宗教用に埋めた埋納銭も少なくなかった。

北方の流通拠点浪岡を居城とした津軽北畠氏であるが、伊勢北畠氏との関係を長らく保っていたものと推測される。戦国時代には、津軽でも具永《ともなが》―具統《ともむね》―具運《ともかず》と伊勢国司家と同様に「具」を通字とし、四位あるいは五位で侍従に任官する歴代が確認され、津軽から伊勢までは直線距離にしてほぼ京都までと同じく約八〇〇㎞も隔たっているが、一族間になんらかの交渉があったことが予想されるからである。

■津軽安東氏

津軽北畠氏が天正六年（1578）七月に大浦（津軽）為信《ためのぶ》に滅ぼされた後は、信長が北畠氏の権威を利用しつつその娘婿安東氏を使って津軽統一戦に介入してゆく。これについては、信長の流通政策に注目したい。

永禄十二年（1569）九月の織田信長による伊勢統一をもって、尾張、美濃、伊勢を基盤とする環伊勢海政権（初期織田政権）が成立した。信長は、ただちに西国を目指したのではなく、近江から越前そして若狭へと北に触手を伸ばした。

信長が急成長しえたのは、東海道・東山道などの東西を結ぶ街道と、環日本海流通と環太平洋流通とを結ぶ南北に走る街道の接点に居城を置いたからである。岐阜から安土への移転も、領地に越前・若狭が編入されたことをうけてのものとみるべきだ。東西・南北の流通の結節点に、本拠を構えたのである。

後のことではあるが、信長は天正九年段階で柴田勝家を窓口にしたローマを中心とするキリシタン国との外交関係の樹立を画策したようだ。イエズス会巡察使ヴァリニャーノの指示を受けて宣教師フロイスは越前に向かったが、勝家は金銭援助と引き替えにナウ船（大型帆船。通常500〜800トンで艦載砲を備え約300人が乗船）の航行を求めたり、ローマ教皇に書状を送ろうとした。

これらは、越前への南蛮船来航という実績を前提にするものである。当時の信長領国で、三国湊《みくにみなと》や敦賀《つるが》といった安土から最も近い越前の港湾都市が勝家に任されていたことに着目するべきである。とりわけ勝家の居城北の庄城（福井市）に接した足羽川《あすわがわ》の河口に、日本海を代表する良港・三国湊があったことは重要だ。

当所は、北の庄の外港であるばかりでなく、織田領国の玄関口に当たる国際貿易港として位置づけられる。現在の日本地図を逆さまにして見ていただきたい。前近代においては、環日本海地域すなわち裏日本こそ大陸に近い表日本だったのだ。

信長は、環日本海地域の要港の支配を重視し、この地域の大名・領主の配下への編入にも熱心だった。越中では神保氏、越後では新発田《しばた》氏であり、奥羽に注目すると十三湊《とさみなと》（青森県五所川原市）を支配していた津軽安東氏が重要である。信長は、安東愛季《ちかすえ》を「阿喜多《あきた》屋形」（『信長公記』）として目をかけて、秋田城介《じょうのすけ》に任官していた嫡男・信忠の指揮下に置こうとした。

信長の強い要求を容れて、朝廷では「安倍愛季」を天正五年七月に叙爵させた。朝廷は古くは坂上田村麻呂《さかのうえのたむらまろ》や源頼義に背いてきた蝦夷《えぞ》系安倍氏（安倍貞任）の末裔として安東氏を位置づけていたが、信長の仲介で「勅勘（天皇による勘当処分）」を解いたのである。当時の安東氏は、蝦夷地を支配する蠣崎《かきざき》氏（後の松前氏）も従えていた。

このような時期に、精力的に領地拡大をおこなったのが大浦為信だった。天正六年七月、あらかじめ先兵を潜入させて放火し、その勢いに任せて浪岡城を落城させ浪岡御所北畠顕村を自害させたといわれる。信長は、安東愛季の娘婿顕村死去に対応して、愛季をただちに北畠氏の後継者とした。

時あたかも、信雄を伊勢北畠氏の当主とし、その一族神戸《かんべ》氏の当主として三男信孝を据えていた。信長は、名門伊勢北畠氏を利用したが、同様に北方政策における津軽北畠氏の名跡も利用したのである。

■津軽の独立

津軽平野から外ヶ浜へと抜ける要衝に南北朝時代以来勢力を蓄えた浪岡北畠氏だったが、大浦為信によって滅亡した。為信は、後に豊臣秀吉から「津軽」を名乗ることが許され、弘前（津軽）藩四万七千石の初代藩主となった最北の戦国梟雄《きょうゆう》である。彼こそ津軽の独立を画策し、あわせて岩木山をそのシンボルになぞらえた人物でもある。

次に私たちが向かったのは、岩木山の南東山麓に鎮座する岩木山神社だった。当社は、岩木山をご神体とする格式の高い神社（旧国弊小社）である。桓武《かんむ》天皇の時代、坂上田村麻呂が奥州を平定した折りに社殿を設けたと伝える。鬱蒼《うっそう》とした境内の様子からは、中世以来の宗教勢力の拠点だったことが十分に察せられた。

岩木川の西岸大浦の地で勢力を蓄えた為信は、在地の宗教勢力と民心の掌握のために特に当社を保護したという。現在の立派な社殿は、為信から四代藩主信政までの長期間をかけて整えたものだ。特に良質なベンガラが映える楼門や拝殿の偉容が印象に残った。

為信の出自には、弘前藩による脚色がある。隣接する南部藩からの独立を目指したため、藩側の公式見解として父は堀越城主武田守信、母は武田重信の娘ということになっている。しかし、事実は南部氏の一族久慈氏の出身で、理由は不明ながら大浦南部氏を継承したとみられている。

為信の津軽平定戦は、すさまじかった。元亀二年（1571）に石川（大仏ヶ鼻）城を攻略したことを皮切りに、和徳城（元亀二年／弘前市）・大光寺城（天正三年／平川市）・浪岡城・油川城（天正十三年／青森市）・田舎館《いなかだて》城（同年／田舎館村）・横内城（同年／青森市）・飯詰城（高楯城とも、天正十六年／五所川原市）と、南部氏や北畠氏配下の諸城を次々と落として、津軽の支配者として君臨したのである。

■髭殿の実力

為信の政治センスは、抜群というほかない。天正十八年（1590）三月には、相模小田原で陣中の豊臣秀吉に電撃的に謁見して津軽三郡領有の許可を得たのだ。翌天正十九年の九戸政実の反乱に際して、秀吉は軍令状を為信に発給するが、宛所として「津軽右京亮《うきょうのすけ》」と記している。これが「津軽」名字の初見であるが、ここで正式に南部氏からの独立を公認されたとみてよい。

その後の為信の行動も、目を見張るものがあった。文禄元年には、はるばると朝鮮出兵の基地・肥前名護屋城（佐賀県唐津市）に行き秀吉と謁見する。翌文禄二年には上洛し、正式に津軽を安堵されたばかりか、近衛家に接近して牡丹の家紋と藤原姓を名乗ることが許される。中央での政治工作と情報収集にも、まったく抜かりがなかった。

慶長五年（1600）正月には従四位下右京大夫《じゅしいのげうきょうたいふ》に任じられ、同年九月の関ヶ原の戦いでは東軍に与して、戦後は上野大館（群馬県太田市）で二〇〇〇石を加増されている。一分の隙もない動きである。

為信は、慶長十二年に在京中の子息信建《のぶたけ》の病気見舞いに上洛したが、信建は死去。為信も自らの病をおしての上洛という無理が災いしたのか、同年十二月に信建の後を追うように病死した。享年は五十八歳だった。

それにしても、為信は不思議な魅力に溢れている武将である。私が「拝謁した」のは、歴代藩主の菩提寺長勝寺《ちょうしょうじ》（弘前市）の御影堂に着座する為信像である。大浦城から移築したといわれる重厚な庫裏から本堂、そして御影堂へと歩み木像と対面したが、「髭殿」と称されたように、立派な髭を蓄えた雄姿がまことに印象的だった。

■石田三成との入魂

豊臣政権は、天下統一の最終局面となった奥羽地域の諸大名に対して牙をむいて臨んだ。為信の電光石火の対応があったればこそ、未曾有の難局を乗り切ることができたのだ。津軽の独立は、これなしにありえなかったとさえいえる。

九州以降の平定戦は、豊臣領とは直接境界を接しない遠国の戦国大名領を対象とするものとなった。九州・関東・奥羽における平定に至る政治過程と強制的な軍事動員からは、豊臣政権の独善的かつ好戦的な本質が、それまでの統一戦以上に露わとなった。

これに関連して、恭順の意を表し臣従した戦国大名においてさえ、改易されたり本領を大幅に削減されたり、自力で獲得して以来、長年にわたって知行していた所領を奪われた者がいたことを見過ごしてはならない。

たとえば、秀吉の天下統一事業の掉尾《とうび》を飾った奥羽仕置では、新たに得た広大な所領に蒲生氏郷以下の直臣大名を配置し、豊臣蔵入地《くらいりち》を設定したのである。文禄年間の石高でみれば、蒲生領は九十一万石で、奥羽の全石高一九九万石の実に四十六%を占めていた。まさしく、平定戦の本質は秀吉による領地没収戦争だったといってよいだろう。

奥羽では、秀吉が天正十四年に停戦令を発した後も大名間の戦闘が継続していた。この時期、津軽氏をはじめ安東・相馬・岩城・蘆名《あしな》・白川の各氏は石田三成や増田長盛《ましたながもり》を、南部氏は前田利家を、最上氏は家康を、伊達氏は浅野長吉（後の長政）や前田利家をというように、諸大名は様々な人脈を駆使して豊臣政権の有力者との関係を築き、それを奥羽における自家の地歩確立のために積極的に利用しようとしていた。

会津の蘆名義広に注目しよう。彼は、天正十三年（1585）には豊臣政権に接近しており、上杉景勝を介して三成との結びつきを持っていた。その結果、蘆名氏には軍勢派遣や軍事物資の援助さえ行なわれた。それにもかかわらず、天正十七年六月の摺上原（すりあげはら）の合戦では伊達政宗に敗退してしまう。

その直後にあたる七月二十六日付で、三成は蘆名氏重臣金上盛実に対して、兵粮や鉄炮・玉薬などの軍事物資の援助を行ない、蘆名氏の旧領回復をほのめかして戦争継続を煽動する。このような動きが、秀吉の関東・奥羽への遠征を実現させることになる。

天正十四年から十五年にかけての秀吉の九州平定までは、毛利氏・長宗我部氏・島津氏など戦闘を交えた西国の大大名の意向がある程度尊重され、彼らの本領安堵は結果として許されたが、関東・奥羽平定では北条氏を改易したように、そのようにはならなかった。

この背景には、政権中枢にあった三成や浅野長吉らの人脈が、家康ら有力大大名に比肩しうる勢力として、秀吉の政権運営に大きな影響力をもつようになったことが指摘できる。豊臣政権の専制化によって、平定後の大名配置のありかたが恣意的・強権的なものとなっていくのである。

このような豊臣政権の実情を鋭く観察した津軽為信は、政権中枢の人物として急成長した石田三成と太いパイプを結ぶことで、津軽の独立を勝ち取ったのである。その後、弘前藩と三成との縁は、徳川の世になっても紡がれていくことになる。

■奥羽仕置の明暗

津軽為信の霊屋が、弘前市内の古刹革秀寺《かくしゅうじ》に存在する。堀がめぐらされ、茅葺《かやぶ》き入母屋《いりもや》の本堂は、近世初頭の様式を示し、霊屋とともに重要文化財に指定されている。訪問してみて、中世城館のようなたたずまいが特に印象に残った。

当寺は、弘前城の真西に鎮座し、その延長に岩木山が位置する。猛烈な独立運動によって成立した弘前藩は、藩祖為信の霊屋と岩木山によって守護され続けたのである。この独立運動を、西方はるか遠く京都や伏見から支えた人物が、石田三成だった。

豊臣政権は、天下統一の最終局面となった天正十八年（1580）の奥州仕置において、伊達政宗をはじめとする奥州諸大名に対するきわめて厳しい処分を執行した。そのリアクションとして、秀吉の帰陣直後に奥羽全域で仕置反対一揆が勃発したのは、必然だった。

天正十九年には、南部氏の一族九戸政実《くのへまさざね》が決起する。このきっかけは、前年七月の下野宇《しもつけう》都宮における秀吉の南部信直に対する処遇にあった。そこで、秀吉は信直を南部氏当主として認め、政実をその家中に位置づけ、居城破却と妻子の信直居城三戸《さんのへ》への提出、さらには検地の実施も決定された。実力的に信直と伯仲していた政実が、この仕置に猛反発したのは当然のことだった。

政実の抵抗は、それを押さえ込むことのできない信直によって、天下に対する謀反に仕立て上げられたのである。これには、政宗が裏でつながっていたといわれる葛西・大崎一揆の残党も加わっていた。和賀・稗貫《ひえぬき》一揆への対処も兼ねて、天正十九年六月に豊臣秀次と徳川家康が現地に下向し、蒲生氏郷とともに一揆方諸城を攻撃した。

六月二十日付で秀吉は、秀次に宛てて奥羽奥郡に向けての大動員令を発令し、政宗以下に軍令を発した。目的は、九戸一揆をはじめとする諸一揆の鎮圧、それに城割《しろわり》（城郭破却）と郡分・知行割にあった。つまり、前年の奥羽の現状をほとんど無視した性急な仕置の失敗をうけての再仕置といってよい。

九戸決起への対応については、八月六日の二本松（福島県二本松市）における浅野長吉（後の長政）・秀次・家康・氏郷・政宗らの会談によって、氏郷が主力となり、出羽・津軽の軍勢が加勢し、秀次麾下の堀尾吉晴、家康麾下の井伊直政が協力し、全軍の差配は長吉が担当することになった。

六万人といわれる上方勢の前に五〇〇〇人程度の九戸勢では衆寡敵せず、九戸政実は天正十九年九月四日に降伏した。籠城衆の助命の約束は反故にされ、女性や子供も含む九戸一族は殲滅される。政実は秀次の本陣の三迫《さんのはさま》（宮城県栗原市）で成敗され、その首は京都で獄門にかけられた。

近年の九戸城（岩手県二戸市）の発掘調査で、二の丸跡の円形土坑墓《どこうぼ》から刃物傷のある六体の男女の首のない人骨が見つかっている。人骨からは、手足や腰などをめった切りにされた様子が窺えるそうである。防具を付けていたなら付かないはずの部分にまで傷があり、九戸政実が投降してまったく戦意を失っていた籠城衆を殺戮《さつりく》したことが、容易に想像できる。

近年、葛西・大崎一揆に連動する奥羽全域規模の仕置反対一揆に関する史料の掘り起こしが進められているが、それらは一様に地域民衆の皆殺しで終結したことに特徴がある。豊臣政権の粗暴な本質を、端的に物語っているといえよう。

秀吉の天下統一は、正確にはこの天正十九年の九戸城落城をもって完成した。通説のように、天正十八年の小田原北条氏の改易や奥羽仕置を画期とすることはできない。残念なことに、これまでは全奥羽規模の抵抗とそれに対する秀吉の再仕置が天下統一戦とリンクして論じてこられなかったのである。

奥羽仕置の結果、奥羽の諸大名は、おしなべて大幅な減封となった。政宗は天正十四年七月に奪取した二本松領を没収された。和賀・稗貫両氏は、宇都宮に来た秀吉に伺候しながら本領を没収された。最上・本庄領を除く出羽の大名領には、本領三分の一の豊臣蔵入地が設定された。ところが秀吉の命令を無視して戦闘した安東氏が本領を安堵されたり、津軽氏が南部氏から攻め取った津軽を安堵されたことは注目される。天下統一とは、最後までこのような恣意的かつ理不尽な側面をもつものだったのである。

■秀吉を崇拝する

かくも峻厳をきわめた秀吉の統一戦ではあったが、南部氏からの独立を実現したことから、弘前藩においては秀吉はもとより、様々な支援を得た三成に対する恩義は格別のものだった。それは、慶長五年（1600）九月の関ヶ原の戦いの後の三成の子どもたちへの処遇からもうかがわれる。

三成の次男重成は、豊臣秀頼に小姓として仕えていた。同僚だった津軽信建（為信長男）の指示を受けて、なんと若狭から日本海ルートで津軽まで逃れたのである。さすがに姓名はそのままとはいかず、杉山源吾と称した。

その長男吉成は、二代藩主津軽信枚《のぶひら》（為信三男）の娘を妻として家老となり、杉山家は代々藩重臣として存続する。これは弘前藩において、いかに三成に対する恩義を意識していたのかを示す史実である。なお、吉成は寛文九年（1669）に勃発したシャクシャインの戦い（松前藩に対するアイヌ民族シブチャリの首長シャクシャインの武力抵抗）で、弘前藩の侍大将として総勢七〇〇人を率いて蝦夷地にも出陣している。

革秀寺の霊屋には、重成がもたらしたとされる秀吉像が安置されていた。ありがたいことに、私たち一行はご住職の計らいで漆が多用された美しい霊屋の内部に入ることを許され、金箔漆塗りの豪華な厨子《ずし》に入った小型の中年期と思われる立派な秀吉像に対面することができた。それは、金箔の唐冠《とうかんむり》に桐紋付きの束帯《そくたい》姿で、金箔の笏《しゃく》を持ち、いささか伏し目がちの座像で、有名な秀吉像（宇和島伊達家所蔵）とは異なる趣があった。元は、弘前城内の「北の郭《くるわ》」の南東に附属する隠し曲輪というべき場所に建立された館神《たてがみ》内に安置されたもので、そこにはごく限られた者しか出入りが許されなかったという。

江戸時代を通じて、秀吉像が弘前城内で守護神として祀られていたのだ。弘前藩においては、三成子息がもたらした秀吉神像を崇拝し、三成の血統が藩重臣として藩政を預かっていたと考えてみただけで、なにやらワクワクするではないか。

ところが、これは弘前藩に関するミステリーの序の口だった。杉山家に興味を持った私たちは、その菩提寺宗徳寺（弘前市）を訪れてみた。探しあてた代々の墓には、すべて「豊臣」

姓が刻まれているのである。弘前藩では、なんと杉山家が堂々と豊臣を名乗ることが許されていたのだ。もちろん、石田氏には豊臣の血は流れていないし、豊臣姓も下賜されていなかった。しかし、秀吉と格別な関係にあった家という認識が浸透していたから、これが許されたと推測する。

読者諸賢には、これぐらいで驚かれてはいけない。高台院（秀吉正室寧子）に仕えた三成の息女辰姫《たつひめ》が、重成と同じく津軽に逃れ、二代藩主信枚の正室になったのである。しかも、彼女は三代藩主となる信義を生んだ。三成の血統が弘前藩主家に伝えられたのである。しかし、その前に天海《てんかい》の仲介で、徳川家康は慶長十八年に養女満天姫《まて》（家康異父弟・松平康元の息女）を信枚に正室として押しつけていた。これによって、辰姫は側室へ降格となってしまう。

満天姫との衝突を気遣ってか、辰姫は弘前藩が関ヶ原の戦いの論功行賞として得た上野大舘（群馬県太田市）に移され、大舘御前と称された。信枚は参勤交代の折にここに立ち寄ったという。元和五年（1619）一月、辰姫は信枚の長男信義をもうけたが、同九年にわずか三十二歳で亡くなってしまった。

ここで、複雑な人間関係を系図にして示したい。弘前藩は、石田三成と血縁関係のある藩主家と重臣家が支えた。しかも重臣杉山家は、豊臣姓を称していたのである。

弘前藩主歴代と徳川・石田氏

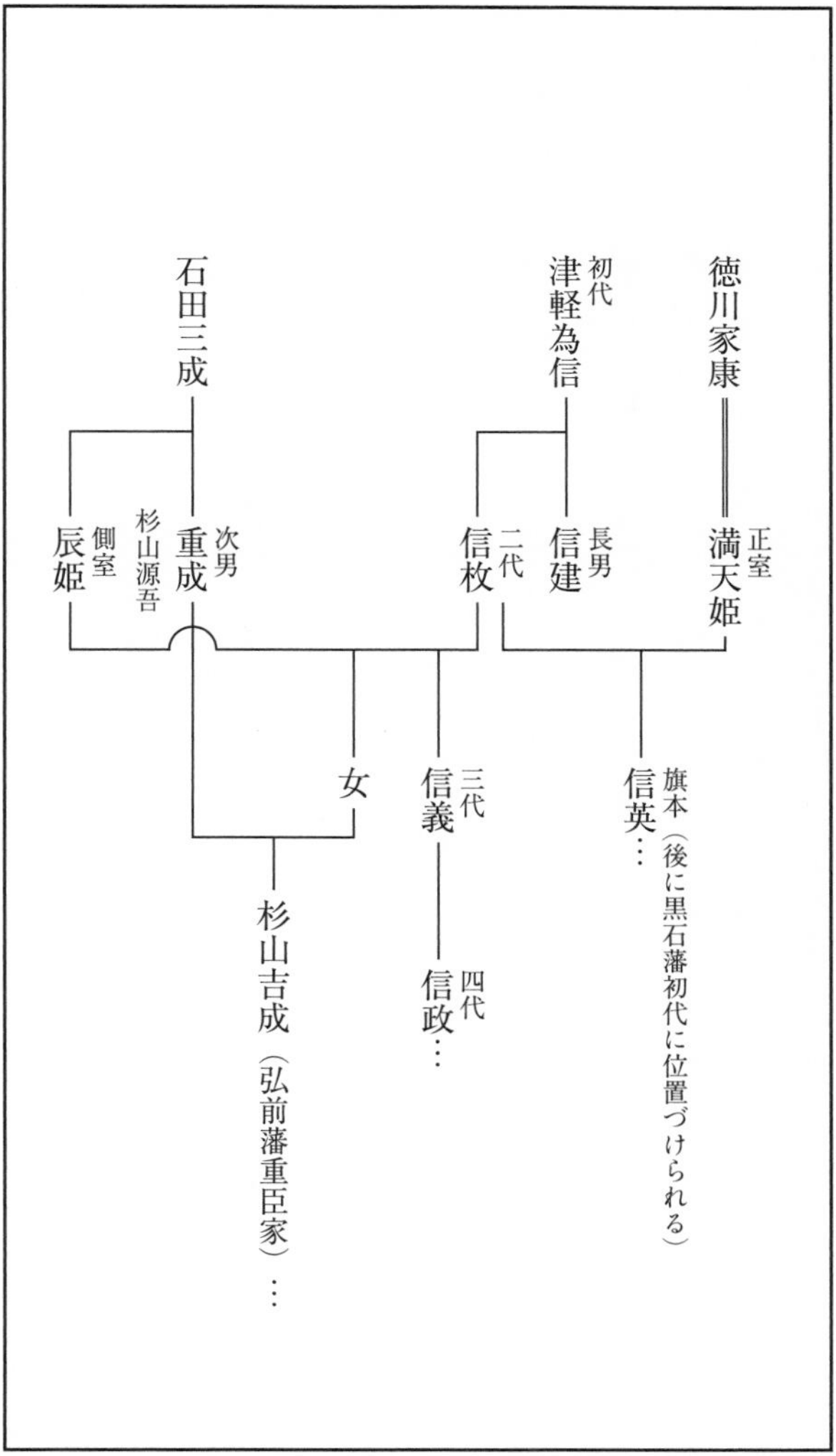

満天姫も、元和六年（1620）に信枚との間に子息（後の津軽信英《のぶふさ》）をもうけた。文武に秀でた信英は、正保四年（1647）に藩主候補として祭り上げられたが（正保の変）、信義から弾圧をうけて失敗した。

しかし明暦元年（1655）に信義が死去すると、信英は幼少の信政の後見人として藩政に辣腕をふるった。津軽藩は、秀吉を祀り三成の血を引く藩主を、徳川の血を引く一族が支えたのである。それは寛文元年（1661）に藩主信政が十六歳になり、初めて国許入りするまで続いた。

なお、信英の流れは後に一万石の支藩黒石藩の藩主家となった。

■抜群のバランス感覚

江戸時代に建築され現存する天守は全国で十二あるが（現存十二天守）、桜の似合う弘前城天守もそのひとつである。なお、天守は本丸西南部に五層で築かれたが、寛永四年（1627）に落雷し、五層目から順に燃え広がり、やがて火薬に引火し大爆発をおこしたと伝えられている。現在の三層天守は、それから約二百年後の文化七年（1810）に新規創建した。

弘前藩の政庁である弘前城は、二代藩主津軽信枚が慶長十六年（1611）にそれまでの堀越から高岡（鷹岡、後に弘前に改称）に本拠を移転して築城したものである。初代藩主の為信は、文禄三年（１５９４）に大浦城から堀越城へと居城を移したが、弘前城に較べて四分の一程度の規模だった。

なお、堀越城跡は江戸時代以降、藩や地元住民による管理・保護があり、土塁や堀などの遺構が比較的良好に残存しており、近年では弘前市の整備によって史跡公園となっている。発掘調査によると、多くの鍛冶炉《かじろ》が並んでいたことが確認され、武器職人も城内に居住していたことが判明した。一九八五年に、弘前城跡への追加指定が行なわれ、名称も津軽氏の発展経過を示すものとして、二つの城跡を合わせて「史跡津軽氏城跡」となっている。

弘前城内は、弘前市文化財課の小石川透さんに追手門から本丸を経て搦手《からめて》にあたる北門（亀甲門）まで、丁寧にご案内いただいたが、広大な城郭だった。なにせ本丸、二の丸、三の丸に加えて、四の丸、北の郭、西の郭の全六郭から構成されているからである。縄張は、為信の軍師だった沼田面松斎《ぬまためんしょうさい》といわれる。

なお、北門は当初の弘前城の大手門であり、その北側に亀甲町と呼ばれる一筋の町人地をはさんで武家地が配置された。ここを仲町《なかちょう》と呼んでいるが、弘前市仲町伝統的建造物群保存地区として面積約十・六ヘクタールの区域が国選定重要伝統的建造物群保存地区に指定されている。

弘前城内に、石田三成の子息杉山重成がもたらしたという豊臣秀吉像が北の郭の南東に附属する隠し曲輪というべき場所に建立された館神内に安置されていることは、既にふれた。しかし、弘前藩は南部氏からの自立を認めた秀吉一辺倒ではなかった。家康の養女満天姫を正室としてうけ入れたばかりか、東照宮を城内に勧請《かんじょう》していたことも重要である。

元和三年（1617）春に、二代藩主津軽信枚が将軍徳川秀忠の許しを得て、弘前城本丸に東照宮を創建したのである。寛永元年（1624）には、城外鬼門の方角に当たる土淵川沿いに新たに社殿を建立したが、これは近年、黒石神社に合祀され摂社となった。重文である本殿は弘前市に寄贈され、現在も当初建立された場所（弘前市笹森町）に鎮座している。

私たちは、黒石神社にうかがい、合祀された東照宮にもお参りした。ここで、黒石藩初代信英から数えて十五代目にあたる津軽承公宮司とお話しすることができた。承公さんは東照宮の遷座の経緯について語られるとともに、満天姫が隣接する相殿《あいどの》に祀られたことにもふれられた。

信枚は、満天姫を正妻としつつ、三成の息女辰姫を寵愛《ちょうあい》したばかりか、辰姫から誕生した信義を三代藩主とした。つまり弘前藩は、女系の流れでみれば三成の血筋が藩主家となり、家康の血筋がそれを補佐する支藩黒石藩の藩主家となったのである。豊臣と徳川の微妙なバランスが、江戸時代を通じて弘前・黒石両藩に貫かれたのである。

黒石藩について、少し補っておきたい。初代信英は五〇〇〇石を分知された大身旗本だった。その後、相馬大作事件（文政四年四月に南部藩士下斗米秀之進《しもとまいひでのしん》こと相馬大作らが、江戸から帰国中の津軽寧親《やすちか》の襲撃を計画した暗殺未遂事件）で有名な九代の寧親が弘前藩を継ぎ、蝦夷地警備の功を認められて弘前藩は四万七〇〇〇石から十万石に高直りした。旗本黒石津軽家八代の親足《ちかたり》は、本藩の承認を得て加増され一万石の大名となった。

津軽北畠氏の拠点・浪岡城跡。
数珠に銭が通された出土品。
銭は69枚通されている。

津軽為信木像（長勝寺像／通常非公開）。

革秀寺に安置される豊臣秀吉像。藩政時代は城内にあった。

石田三成末裔の杉山家の墓石。「豊臣姓」が刻まれている。

科学の勝利によって、将来的には労働からの解放ばかりか不老不死が実現するのだろうか。もしこのような理想郷が誕生したとしても、手放しで喜ぶことはできないのではないか。人類が新たな歴史段階に到達した途端、あらためて「人間とはなにか」という根源的な問いへの回答を迫られることになるからだ。

結果、前近代への関心が広く呼び起こされ、とりわけ発展史観とは無縁で究極の循環型エコ社会だった江戸時代の再評価が行なわれるのではないか、と筆者は予想する。

これに関連して思い起こされるのが、中世史研究者・網野善彦氏（1928～2004年）の思想である。

一九七〇年代から二〇〇〇年代初頭にかけて精力的に研究を進めた網野氏は、それまでの伝統的な稲作中心史観に疑義を呈し、中世のみならず近世の「百姓」が、農業ばかりか商業や流通にも積極的に関与していた事実を発掘した（第一巻で訪れた能登の時国家を参照されたい）。

あわせて、廻国する職人集団や漂泊の芸能民などの非農業民から前近代国家をとらえ直す、ダイナミックな視点を提示した。

非農業民に着目し、商人・職人・芸能民そして賤民こそ、天皇支配権をながらく下支えしてきた存在として注目したのである。それに関わって網野氏が唱えた、原始・古代以来の「自由」「平和」とそれを支えたアジールが、中世から近世を経て領主支配の締め付けによって限定され衰退してゆくという史観も刺激的だった。

筆者は、網野説の先見性に学んだ世代に属するが、網野氏の近世国家の到達点についての理解は、いささか過小評価のように思う。中世において非農業民も含む民衆や地域社会が望んだ自由と平和は、内部の仲間社会に向いた、総体としては野蛮で粗野なものではなかったのか。

戦国時代の畿内近国で発達した地域的一揆の自治は、極端にいえば土豪・地侍たちが蓄積した富を守るための秩序であり、安心して遠隔地で長期にわたる戦働きに専念するために構築したものでもあった。この地域の戦国大名も、地域的一揆に推戴されていたから、恒久的な「平和」をめざすような権力ではなかったといえよう。

それに対して、織田信長と豊臣秀吉の天下人二代は、常に領域外へ戦争を求めた結果、戦国時代末期に繰り返された大規模戦争を終焉に導いた。その過程で、一揆に与した民衆への皆殺しが強行され、海賊や忍者も活躍の場を失った。率直に表現するならば、民衆や地域社会が望まない天下統一を、きわめて残忍な方法で天下人たちが実現したのだ。

徳川家康は、秀吉の死後分裂しつつあった国家を再統一し、その後は徳川家綱までの将軍四代を費やして、法と官僚制度にもとづく「百姓成り立ち」をめざす統治体制を確立した。この一世紀こそ、中世的な残忍・野蛮・粗野を駆逐し克服する歴史過程だったことを、ここで強調したい。天下人たちが実現した泰平の意義は、幕藩体制成立の過程で領主ばかりか民衆にも咀嚼され広く深く浸透したとみられる。

江戸時代においては、将軍・藩主から百姓・町人に至るまで、「天」(東アジアの絶対神である天帝・上帝をさし、宇宙の中核に位置する不動の北極星にシンボライズされる)と向き合い、自らを天から職分を預けられた存在として意識していた。「仁政」が天に恥じない治者の政治のことであり、天職を支える正直・清貧・勤勉といった民衆の職業倫理は、人間と「天」との間で交わされた契約であり、しばしば「無私」が求められた。

これについて我々は、非科学的などと決めつけるべきではなかろう。身分制社会を肯定するわけではないが、「天」を介して高い職業倫理が社会を覆っていたしくみとその合理性に気づくべきである。江戸時代の法治主義は、これを土台としていたからである。

その意味で、思想・倫理そして信仰が人類の存続のための装置として機能する時代は長期に及んだといえよう。科学が驚異的に発展し高度な法治主義に基づく官僚制国家になったにもかかわらず、それとは裏腹に倫理観がきわめて希薄になった現代人こそ、先人の築いた歴史の重みから学ぶべきではないのか。

私たちが訪れた紀伊半島の熊野速玉神社や島根半島の美保神社の神事でみたように（「サライ．jp」「半島をゆく」を参照されたい）、半島の人々の日常には、今なお神々が宿っており、敬虔な信仰は秘やかに脈々と息づいていた。いつのまにか還暦を過ぎ、それなりに人生経験を積んできた筆者には、ながく日本人の心をとらえて放さなかった神仏とはなにかという問いに、新時代の生き方に関わるヒントが潜んでいるように思われてならない。

最後に一言。編集の都合上、小著に収録できなかった旅の記録も少なくなく、お世話になった方々のご紹介ができなかったことを申し訳なく思う。旅の途次めぐりあったみなさまに、あらためてお礼を申し上げ擱筆したい。

二〇二三年七月吉日　藤田達生

参考文献

はじめに

宇沢弘文『社会的共通資本』（岩波新書、２０００年）・『宇沢弘文傑作論文全ファイル』（東洋経済、２０１６年）

増田寛也『地方消滅』（中公新書、２０１４年）

水野和夫『資本主義の終焉と歴史の危機』（集英社新書、２０１４年）

老川慶喜『日本鉄道史　大正・昭和戦前篇』（中公新書、２０１６年）

山崎史郎『人口減少と社会保障』（中公新書、２０１７年）

吉原祥子『人口減少時代の土地問題』（中公新書、２０１７年）

諸富　徹『人口減少時代の都市』（中公新書、２０１８年）

宮﨑雅人『地域衰退』（岩波新書、２０２１年）

第一部　戦国時代の画期

一　桶狭間の戦い―知多半島の争奪戦―

羽賀祥二『史蹟論』（名古屋大学出版会、１９９８年）

黒田日出男「桶狭間の戦いと『甲陽軍鑑』」（『立正史学』一〇〇、２００６年）

藤本正行『桶狭間の戦い』（洋泉社歴史新書y、２０１０年）

髙田　徹「戦場をあるく――戦場調査ガイド桶狭間古戦場を歩く」（『織豊期研究』九、２００７年）

谷口克広『信長の天下布武への道』（吉川弘文館、２００６年）・『信長と家康 清須同盟の実体』（学研新書、２０１２年）

長屋隆幸「桶狭間と長篠の戦いの勝因は」（『信長研究の最前線』洋泉社歴史新書y、２０１４年）

水本邦彦『草山の語る近世』（山川出版社、２００３年）

和田裕弘『信長公記』（中公新書、２０１８年）

拙著『天下統一』（中公新書、２０１４年）・『戦国日本の軍事革命』（中公新書、２０２１年）
服部英雄「桶狭間合戦考」（『名古屋城調査研究センター紀要』二、２０２１年）
黒嶋敏『戦国の大敗古戦場を歩く』（山川出版社、２０２２年）
本多隆成『徳川家康の決断』（中公新書、２０２２年）
名古屋市教育委員会『桶狭間古戦場調査報告』（１９６６年）
奥野高廣・岩澤愿彦校注『信長公記』（角川日本古典文庫、１９６９年）
『愛知県史　資料編11織豊1』『愛知県史　中世2織豊』

二　忍者衆と神君「甲賀」越え

藤井讓治「根来衆の軍事力について」（同氏『近世史小論集』思文閣出版、２０１２年、初出１９８３年）
渡辺俊経『甲賀忍者の事実』（サンライズ出版、２０２０年）
拙稿「『神君伊賀越え』再考」（拙著『城郭と由緒の戦争論』校倉書房、２０１７年）・「伊賀者・甲賀者考」、（拙稿『天下統一論』塙書房、２０２１年）
拙著『日本中・近世移行期の地域構造』（校倉書房、二〇〇〇年）・『戦国日本の軍事革命』（中公新書、２０２２年）
『伊賀市史　第一巻　通史編　古代・中世』・『伊賀市史　第二巻　通史編　近世』
『甲賀市史　第二巻　甲賀衆の中世』・『甲賀市史　第三巻　道・町・村の江戸時代』
『水口岡山城跡総合調査報告書』（甲賀市教育委員会、２０１６年）
『中部大名の研究』（吉川弘文館、１９８３年）
『図解　近畿の城郭』（戎光祥出版、２０１７年）

三　本能寺の変の人脈―林原美術館訪問記―

山田康弘『戦国時代の足利将軍』（吉川弘文館、２０１１年）
浅利尚民・内池英樹『石谷家文書―将軍側近のみた戦国乱世』（吉川弘文館、２０１５年）

福島克彦・藤田達生『明智光秀』（八木書店、２０１５年）
拙著『証言　本能寺の変』（八木書店、２０１０年）・『本能寺の変』（講談社学術文庫、２０１９年）・『明智光秀伝―本能寺の変に至る派閥力学―』（小学館、２０１９年）
内池英樹「林原美術館所蔵石谷家文書の調査・研究について―石谷親子宛近衛前久書状の若干の考察を添えて」（『織豊期研究』二四、２０２２年）
田端泰子『細川ガラシャ』（ミネルヴァ書房、２０１０年）
京都府立丹後郷土資料館『丹後発掘』（２０１５年）
熊本大学永青文庫『細川ガラシャ』（２０１８年）

第二部　動乱から泰平に

一　首都外港の繁栄

功刀俊宏「織田権力の若狭支配」（戦国史研究会編『織田権力の領域支配』岩田書院、２０１１年）
功刀俊宏・柴裕之編『丹羽長秀文書集』（戦国史研究会、２０１６年）
拙著『藩とは何か』（中公新書、２０１９年）
『若狭の中世城館』（小浜市教育委員会、１９７９年）

コラムⅡ　環日本海流通

長谷川博史『戦国大名尼子氏の研究』（吉川弘文館、２０００年）
西島太郎『松江藩の基礎的研究―城下町の形成と京極氏・松平氏』（岩田書院、２０１５年）
光成準治『吉川広家』（戎光祥出版、２０１６年）

二　天下人の古代復興

寺澤　薫『王権誕生』（講談社、２０００年）
井上和人『日本古代都城制の研究―藤原京・平城京の史的意義』（吉川弘文館、２００８年）

内田和伸『平城宮大極殿院の設計思想』（吉川弘文館、2011年）
小澤　毅『古代宮都と関連遺跡の研究』（吉川弘文館、2018年）
拙著『天下統一論』（塙書房、2021年）
小山靖憲『熊野古道』（岩波新書、2000年）・『世界遺産 吉野・高野・熊野をゆく 霊場と参詣の道』（朝日選書、2004年）
戸田芳実『中世の神仏と古道』（吉川弘文館、2010年）
伊藤裕偉『聖地熊野の舞台裏』（高志書院、2011年）
藤田編『歴史遺産が地方を拓く―紀伊半島の文化財（1）』・『歴史遺産が地方を拓く―紀伊半島の創生（2）』（清文堂出版、2022年）
紀和町教育委員会『史跡赤木城跡保存整備事業報告』（2005年）

三　村上海賊の終焉

拙著『秀吉と海賊大名―海から見た戦国終焉』（中公新書、2012年）
山内　譲『瀬戸内の海賊―村上武吉の戦い―増補改訂版』（新潮選書、2015年）・『海賊の日本史』（講談社現代新書、2018年）
滝川恒昭『房総里見氏』（戎光祥出版、2014年）

四　政宗の視圏

小林清治『伊達政宗』（吉川弘文館、1959年）・『伊達政宗の研究』（吉川弘文館、2008年）
拙著『蒲生氏郷』（ミネルヴァ書房、2012年）
平川新『戦国日本と大航海時代―秀吉・家康・政宗の外交戦略―』（中公新書、2018年）
竹井英文『東日本の統合と織豊政権』（吉川弘文館、2020年）
豊田直巳編『東日本大震災記録写真集　TSUNAMI3・11』（第三書館、2011年）

3・11東日本大震災写真展実行委員会編『あれから5年3・11東日本大震災写真集』（２０１６年）

五　キリシタンの波動

高瀬弘一郎『キリシタン時代の研究』（岩波書店、１９７７年）
石井進・服部英雄編『原城発掘―西海の王土から殉教の舞台へ』（新人物往来社、２０００年）
高橋裕史『イエズス会の世界戦略』（講談社選書メチエ、２００６年）

六　豊臣と徳川の間

小林清治『奥羽仕置の構造―破城・刀狩・検地』（吉川弘文館、２００３年）・『奥羽仕置と豊臣政権』（吉川弘文館、２００３年）
藤田編『伊勢国司北畠氏の研究』（吉川弘文館、２００４年）
中野等『石田三成伝』（吉川弘文館、２０１７年）
浪岡町歴史資料館『浪岡城―中世城館の復元』（１９９０年）

あとがき

網野善彦『無縁・公界・楽　日本中世の自由と平和』（平凡社選書、１９８７年）・『日本中世の民衆像』（岩波新書、１９８０年）など。なお『網野善彦著作集』全十八巻・別巻（岩波書店、２００７〜０９年）がある。

深谷克己『百姓成立』（塙書房、１９９３年）など。なお『深谷克己近世史論集』全六巻（校倉書房、２００９〜１０年）がある。

＊出版年順に配列し、報告書などは最後にまとめた。

藤田達生［ふじた・たつお］

1958年（昭和33）、愛媛県生まれ。神戸大学大学院文化学研究科博士課程修了。学術博士。現在、三重大学副学長、同教育学部・大学院地域イノベーション学研究科教授。専攻は日本近世国家成立史の研究。著書に『藤堂高虎論―初期藩政史の研究』（塙書房）、『近世武家政権成立史の研究』（塙書房）、『藩とは何か―「江戸の泰平」はいかに誕生したか』（中公新書）、『明智光秀伝―本能寺の変に至る派閥力学』（小学館）など多数。

編集：今井康裕

戦国秘史秘伝
天下人、海賊、忍者と一揆の時代

二〇二三年　八月六日　初版第一刷発行

著者　藤田達生
発行人　大澤竜二
発行所　株式会社小学館
〒一〇一－八〇〇一　東京都千代田区一ツ橋二ノ三ノ一
電話　編集：〇三－三二三〇－五九〇一
販売：〇三－五二八一－三五五五

印刷・製本　中央精版印刷株式会社

Printed in Japan ISBN978-4-09-825458-3